¿DE QUÉ SE RÍE LA BARBIE?

Miguel Aquino

¿DE QUÉ SE RÍE LA BARBIE?

temas'de hoy.

Diseño de portada: Marvín Rodríguez
Foto de portada: © Procesofoto

Bajo el sello editorial TEMAS DE HOY[M.R.]
Avenida Presidente Masarik núm. 111, 2o. piso
Colonia Chapultepec Morales
C.P. 11570 México, D.F.
www.editorialplaneta.com.mx

Primera edición: septiembre de 2011
ISBN: 978-607-07-0888-6

Impreso en los talleres de Litográfica Ingramex, S.A. de C.V.
Centeno núm. 162, colonia Granjas Esmeralda, México, D.F.
Impreso y hecho en México - *Printed and made in Mexico*

Este trabajo periodístico es para que nunca
se olvide a los hombres y las mujeres
que han ofrendado su vida a fin de lograr
un México en paz y seguro

Para reconocer la labor de muchos colegas,
servidores públicos y ciudadanos
que han sido víctimas en esta historia
del narcotráfico en México

También para los padres, esposos,
hermanos, hijos y amigos de aquellos
que han sufrido por haber
tomado un camino equivocado

—¿Te arrepientes de algo?
—No, de nada —contestó *La Barbie*.

"Para lograr lo que quieres hay dos
caminos: el bueno y el malo.
Yo seguí el malo."

—ÉDGAR VALDEZ VILLARREAL

Índice

Introducción. *La Barbie*: entrevista con la historia

VIERNES 19 de noviembre de 2010. A las siete de la noche con 41 minutos recibí un mensaje que me dejó helado: uno de mis contactos en la Policía Federal me avisaba que habían autorizado mi acceso a Contel, su Centro de Mando, para entrevistar a Édgar Valdez Villarreal, conocido como *La Barbie*. Era mi última gran oportunidad de hablar con él antes de que fuera trasladado al penal de máxima seguridad del Altiplano, en Almoloya de Juárez, Estado de México; después, sería prácticamente imposible.

Pero el mensaje me llenó de angustia: yo debía llegar a Contel a las ocho en punto. Me quedaban escasos 19 minutos para moverme desde mi oficina en la zona del Ajusco, al suroeste de la Ciudad de México, hasta Iztapalapa, en el sureste. A esa hora, y en viernes, sólo un milagro me permitiría llegar a tiempo.

Subí a mi automóvil preguntándome cuál sería la ruta más rápida y tratando de abrirme paso entre las congestionadas calles y avenidas. Poco a poco la desesperación empezó a consumirme. Presa de los nervios, no me resignaba a perder aquella entrevista que significaba más que un logro profesional: era una ocasión irrepetible para dialogar con uno de los personajes del crimen organizado más buscados del país, para entender sus razones, para ver de cerca a uno de los hombres más violentos y temidos.

Pero, ¿qué le preguntaría cuando lo tuviera frente a mí? El mensaje había sido tan repentino, que ni siquiera lo había pensado.

La Barbie no es un narcotraficante que encaje en los estereotipos: de origen estadounidense, joven, glamoroso, amante de la farándula y de la moda, este hombre forma parte de una nueva generación de narcotraficantes más refinados y sofisticados, aunque no menos peligrosos.

Quizá por esas características se formó en torno a él una leyenda, en especial tras la caída de *El Jefe de Jefes*, el sinaloense Arturo Beltrán Leyva. Su mítica figura creció tanto en el imaginario popular que cuando lo aprehendieron en el Estado de México, más de dos meses atrás, el 30 de agosto de 2010, muchos dudaron de la veracidad de la versión oficial. Nadie podía creer que un hombre tan escurridizo, sanguinario y protegido hubiera sido capturado sin que se disparara una sola bala. Hubo todo tipo de especulaciones, desde una supuesta entrega pactada hasta una tración ocurrida en otra entidad.

Por si fuera poco, cuando fue presentado ante los medios de comunicación, *La Barbie* exhibió sin ningún recato una amplia sonrisa que causó revuelo y polémica: ¿de que se reía? ¿Era cinismo? ¿Nerviosismo? ¿Qué secretos guardaba?

Todo esto me vino a la mente aquella noche de noviembre en que la Policía Federal me daba la oportunidad de oír de viva voz a ese personaje. Sin embargo, el corazón me latía desbocadamente a medida que transcurrían los minutos en medio del tráfico y se esfumaban mis posibilidades de hablar con *La Barbie*. Sin saber qué le preguntaría, si es que lo alcanzaba antes de que un helicóptero se lo llevara al Altiplano, de una cosa sí estaba seguro: nada me impediría concluir el libro que ya para entonces estaba escribiendo acerca de él.

Y en efecto, nada me lo impidió. He aquí el resultado.

Ésta es la historia de Édgar Valdez Villarreal, un hombre que supo ganarse tanto la confianza como la animadversión de los capos más notables de los últimos años. Un hombre que sembró terror, que cosechó fortunas y que formó parte de la lista de los más buscados por las autoridades de México y de Estados Unidos.

Ésta es, también, la verdadera crónica de cómo fue aprehendido y por qué sonreía aquel día frente a los medios de comunicación. La respuesta no deja de ser una auténtica ironía del destino.

MIGUEL AQUINO
Agosto de 2011

I. "¡Agarraron a *La Muñeca*!"

EL HOMBRE ESTABA AHÍ, tendido sobre el asfalto de la lateral del Periférico Sur, una de las vialidades más importantes de la Ciudad de México. Mientras le daban primeros auxilios, muchos se preguntaban quién era aquel sujeto que había suscitado la presencia de la Policía Federal.

Unos minutos antes, cuando nos enteramos en la redacción de que el hombre había sido abatido a tiros luego de una persecución, no nos imaginamos que el hecho estaba relacionado con otro que en las horas siguientes causaría conmoción en México: el desenlace de una cacería humana como pocas en este país, la de Édgar Valdez Villarreal, alias *La Barbie*.

Como de costumbre, ese día estaba preparando mi bitácora con la información generada durante el fin de semana. De pronto sonó mi teléfono celular. Uno de mis colaboradores me habló sobre la balacera ocurrida frente al Centro Comercial Perisur, uno de los más grandes y exclusivos de la capital, frecuentado por celebridades y personas de buena posición económica, ubicado cerca de sedes corporativas y gubernamentales, escuelas privadas y la Ciudad Universitaria de la UNAM.

Las primeras versiones dijeron que al parecer la policía iba tras un asaltante desde la zona de las Águilas, unos kilómetros atrás, en la delegación Álvaro Obregón. Para averiguarlo, decidí acudir yo mismo al lugar, que estaba muy cerca de la televisora donde trabajo.

Muchas patrullas y decenas de policías resguardaban el lugar. Pero lo que me llamó la atención fue justamente que, aparte de los preventivos y judiciales, había agentes federales. ¿Por qué? Al principio pensé que se habían detenido al ir circulando por ahí, pues en esa zona sur, a la altura de la avenida Luis Cabrera, están precisamente unas oficinas de la Policía Federal.

El hombre viajaba en un auto gris que casi se volcó al tomar una curva y luego se estrelló contra la acera y una jardinera de mampostería. Los paramédicos intentaban reanimarlo sobre el piso. Se trataba de un joven vestido con ropa deportiva que, de manera extraña, había quedado a varios metros del vehículo. Un policía me explicó que estaba herido y que fueron los federales quienes lo sacaron. De nuevo me pregunté: ¿por qué los federales?

Al final, el sujeto no sobrevivió. Luego me enteré de la otra parte de la historia: había perdido el control del vehículo luego de ser alcanzado por balas de policías. Murió de dos disparos.

Como pensé que eso era todo, me retiré a preparar la nota.

La tarde transcurrió como si nada, pero a las cuatro recibí la llamada de un contacto de la policía.

—Aquino, ¿traes el asunto del baleado de Perisur? —me preguntó.

—Sí —respondí.

—Está raro el asunto, a ese chavo lo balearon los federales. Traía una granada y como diez teléfonos celulares y BlackBerrys; los federales se las llevaron y se fueron y dejaron que nosotros hiciéramos el levantamiento del cuerpo. Uno de los federales me dijo que el tipo era el contador de un pesado del narco, te aviso para que estés pendiente —y colgó.

Partiendo de esa información, realicé algunas llamadas para ver qué otro dato conseguía. En ese momento todavía pensaba que sólo debía corroborar el contenido de la llamada para completar mi nota. Sin embargo, después de varios intentos no conseguí nada nuevo; observé que había hermetismo en el caso, lo que no me sorprendió, pues últimamente a muchos amigos policías les da miedo hablar por teléfono; todos creen que los escuchan.

Un giro inesperado

A LAS SEIS de la tarde de ese 30 de agosto de 2010 las cosas cambiarían. Un amigo de otro medio de comunicación me envió este mensaje: "Parece que agarraron a *La Muñeca* en Morelos. ¿Sabes algo?" *La Muñeca* era *La Barbie*; así le decíamos en una especie de clave en el medio y entre los policías, ya que a nadie le agradaría que alguien descubriera en su BlackBerry una conversación sobre Édgar Valdez Villarreal.

Alguien debía saber más sobre el asunto, así que de nuevo me puse a indagar, pero nadie me contestaba. Todos los números que marcaba me enviaban al buzón. Ésa era una señal clara de que había algo de cierto en el rumor. Insistí hasta que por fin, mientras preparábamos una nota sobre la vida de *La Barbie*, logré confirmar la noticia. Primero me dijeron que lo habían detenido en los límites de los estados de Morelos y Guerrero, lo cual era creíble, ya que esas entidades estaban bajo el control de Valdez Villarreal, ahí tenía sus escondites.

Con la noticia ratificada, hicimos las modificaciones correspondientes para el noticiero estelar. Enviamos reporteros a la PGR, la Semar, la Sedena y la Policía Federal, incluso a los Pinos, considerando que la detención era un golpe muy importante que daba el gobierno federal.

A esa hora el acontecimiento ya estaba en la radio, en Internet, en televisión: *La Barbie* había caído en un operativo de la Policía Federal. Y lo más insólito, de acuerdo con la primera información, era que no hubo enfrentamiento ni resistencia por parte de él. Muchos no dábamos crédito a esa versión, después de oír durante años que *La Barbie* era el más peligroso de todos los capos.

Con la confirmación de la noticia me llegó también la primera foto de Édgar Valdez Villarreal: aparecía de rodillas, con las manos esposadas y a la espalda; lo resguardaban tres policías federales a quienes sólo se les veía el pecho y las piernas. *La Barbie* estaba casi rapado; vestía una playera verde de la marca Polo, con el número 2 en las mangas; en el pecho, del lado izquierdo, la clásica figura del jugador de polo, y del lado derecho, un escudo; más abajo, la palabra "LONDON".

Era verdad: la Policía Federal había logrado capturar a *La Barbie*, el gran capo. Misión cumplida.

Un alias extraño

ME ENTERÉ de la existencia de Édgar Valdez Villarreal a finales de 2001, durante una de las largas charlas que sostuve con José Luis Santiago Vasconcelos cuando éste era, primero, director de la UEDO (Unidad Especializada en Delincuencia Organizada) y, después, primer titular de la SIEDO (Subprocuraduría de Investigación Especializada en Delincuencia Organizada de la PGR). Lo primero que me llamó la atención fue el apodo: ¿cómo era que a un peligroso narcotraficante o sicario le hubieran puesto un alias tan "delicado" como *La Barbie*? Para explicármelo, Santiago Vaconcelos me mostró la fotografía de un joven de tez blanca con barba a medio crecer, cabello castaño y ojos verdes, que llevaba una camisa a cuadros. Agregó que algunos miembros detenidos del Cártel de Sinaloa describían a *La Barbie* como un sujeto que se distinguía por su aspecto: siempre bien vestido, pulcro y sin las extravagancias típicas de quienes estaban en el "negocio". Valdez Villarreal provenía de Estados Unidos, donde le decían *El Ken*, apodo que en México le cambiaron por *La Barbie*. Sin embargo, no cualquiera podía llamarlo así, sólo sus amigos y gente de mucha confianza, versión que el mismo Valdez Villarreal confirmó tras su captura.

De acuerdo con las investigaciones que realizó José Luis Santiago Vasconcelos después de la fuga de Joaquín *El Chapo* Guzmán del penal de máxima seguridad de Puente Grande, Jalisco, éste se alió con otros narcotraficantes como Ismael *El Mayo* Zambada, Ignacio *Nacho* Coronel, Juan José Esparragoza, *El Azul*, y los hermanos Beltrán Leyva, encabezados por Arturo, alias *El Barbas* o *Botas Blancas*. De hecho, durante los primeros meses posteriores a la fuga *El Chapo* Guzmán recibió ayuda de sus nuevos socios, quienes le proporcionaron dinero y escondites hasta que comenzó a operar otra vez y formó el grupo que luego llamaría La Federación. Según información de Santiago Vasconcelos, Arturo Beltrán Leyva fue quien llevó a *La Barbie* ante *El Chapo* Guzmán; lo presentó como su jefe de escoltas y sicarios cuando apenas tenía 28 años de edad.

Las declaraciones de muchos de los detenidos del Cártel de Sinaloa también dejan ver que calificaban a *La Barbie* como un sujeto violento y que gozaba de la confianza de los "Señores".

Santiago Vasconcelos y sus investigadores de la SIEDO habían integrado un expediente muy extenso de Valdez Villarreal, y hacia el año 2003 ya sabían que a *La Barbie* se le había comisionado encargarse de la plaza de Acapulco, Guerrero, un punto para el trasiego y la distribución de cocaína que los hermanos Beltrán Leyva consideraban muy importante, al grado de que el jefe Arturo pasaba mucho tiempo ahí. Para 2005, el nombre de *La Barbie* ya se citaba con regularidad en la mayoría de los medios de comunicación, lo que coincidió con un aumento drástico de la violencia en varios estados de la República, pues se desató una feroz guerra entre los cárteles de la droga que se disputaban los territorios y que no tenían ningún miramiento para sembrar las calles con decenas de muertos.

Como es sabido, José Luis Santiago Vasconcelos murió el 4 de noviembre de 2008, cuando el avión en el que viajaba acompañando al entonces secretario de Gobernación, Juan Camilo Mouriño, se desplomó en la Ciudad de México. Santiago Vasconcelos era en ese entonces titular de la Secretaría Técnica para la implementación de las reformas constitucionales en materia de seguridad y justicia penal.

Capturado

AQUEL JOVEN estadounidense que se inició en el narcotráfico vendiendo mariguana al menudeo en Texas jamás se imaginó que iba a protagonizar una de las historias transnacionales del crimen organizado más sui géneris de los últimos tiempos. Por ello, la noche de su captura no fue como cualquier otra.

A pesar de que su lengua materna es el idioma inglés, Édgar Valdez Villarreal habla un español perfecto, a ratos con acento norteño. Le comentó al jefe operativo que lo había capturado cinco horas antes que deseaba cenar. Le llevaron un menú que consistió en agua de jamaica y cuatro tacos de costilla de res. Valdez Villarreal pidió cubiertos, pero le fueron negados. Eran las 23 horas del 30 de agosto de 2010. Se los comió tranquilo, conversando animadamente. Al terminar, solicitó autorización para ir al baño y, como estaba en calcetines, pidió de manera educada sus costosos zapatos tenis; se los habían quitado al momento de su captura por cuestiones de seguridad. Se trata de una medida preventiva aplicada a todos los detenidos; la idea es retirarles cualquier objeto con el que puedan hacerse daño.

En todo momento, Valdez Villarreal se mostró amable y, extrañamente, tranquilo. Sus ojos claros repasaban uno por uno a los policías de las divisiones Antidrogas e Inteligencia y a otras personas que se encontraban a su alrededor en el Centro de Mando de la Policía Federal en la Ciudad de México. De pronto le preguntó al sujeto de tez más clara:

—¿Tú vienes de la embajada de Estados Unidos?

—No, soy de la División Antidrogas —contestó el otro, serio.

—No hay nadie del gobierno de Estados Unidos

—aseveró el jefe del grupo—. Somos puros funcionarios mexicanos.

Como durante más de 12 años intentaron echarle el guante, Édgar Valdez Villarreal pensó que podrían estar presentes autoridades de Estados Unidos.

Después de cenar e ir al baño, continuó conversando mientras una cámara de video lo grababa. Muy extrovertido, dijo que se dedicaba a traficar drogas, que comenzó con mariguana y siguió con cocaína, la cual compraba a narcotraficantes colombianos, y que había empezado a establecerse en Panamá, adonde había enviado gente y puesto una "oficina", es decir una casa de seguridad y centro de operaciones. A menudo, los narcotraficantes se instalan en inmuebles rentados.

Mientras tanto, en el exterior la noticia de su aprehensión era el tema del momento a nivel nacional e internacional. Hubo muchas especulaciones motivadas por la sonrisa que exhibió Édgar Valdez Villarreal durante la presentación que la Policía Federal llevó a cabo ante los medios de comunicación. No parecía triste ni preocupado, dos actitudes que normalmente muestran los detenidos. Por el contrario, sus gestos y respuestas a algunas de las preguntas del interrogatorio difundidas por televisión e Internet fueron relajadas y hasta burlonas.

Era de esperarse que surgiera una gran cantidad de conjeturas, en un país acostumbrado a desconfiar de las versiones oficiales de los hechos. Se decía que la detención de *La Barbie* en realidad había sido una entrega pactada;

que el capo, después de ver la manera en que acabó *El Jefe de Jefes*, Arturo Beltrán Leyva, para quien trabajó, habría reconsiderado seguir operando. Que tenía demasiados enemigos, entre ellos Héctor Beltrán Leyva, *El H*, y su lugarteniente Sergio Villarreal Barragán, *El Grande*, para quienes *La Barbie* era un traidor y competencia directa; y Los Zetas, con los que ya había tenido enfrentamientos. Se decía también que habría ofrecido al gobierno federal entregarse y simular su aprehensión a cambio de evitar su extradición a Estados Unidos.

Por si fuera poco, a las pocas horas de conocerse la detención de *La Barbie* surgió otra versión que en buena medida desacreditaba el trabajo logístico y de inteligencia que había realizado la Policía Federal: corrió el rumor de que la captura había sido obra de la casualidad porque, al detener el vehículo en que viajaba *La Barbie* debido a un incidente de tránsito sin importancia, ¡vaya sorpresa!, se descubrió que en él viajaba el tan buscado Édgar Valdez Villarreal. El rumor agregaba que de inmediato confesó quién era y a qué se dedicaba. A los defensores de esta versión simplemente les parecía imposible que la captura hubiera sido resultado de una labor de inteligencia.

Riqueza y excesos

UNA DE LAS RAZONES poderosas para que los cárteles de las drogas no estén dispuestos a abandonar el "negocio" son las cantidades descomunales de dinero que circula. Se estima que en Norteamérica el botín asciende a 74 mil millones de dólares al año. En Estados Unidos, el mercado de las drogas supera los 64 mil 333 millones de dólares; Canadá representa unos 9 mil 27 millones, y México, 811 millones nada despreciables. Quedarse a toda costa con una porción de esa riqueza es lo que mueve a organizaciones criminales que operan de forma transnacional.

El precio y las ganancias de la droga suben dependiendo del riesgo en su comercialización; cuanto más fuerte es el embate de la policía, mayor es su aumento de precio. El costo de un kilo de base de coca que vende un campesino en Colombia es de apenas unos dólares, pero se multiplica de manera exponencial cuando llega como producto listo para su distribución en la calles de cualquier ciudad de Estados Unidos.

Édgar Valdez Villarreal no fue la excepción entre quienes sucumbieron a las tentaciones de la riqueza y el placer que ofrecen a manos llenas el narcotráfico y el poder de las armas. "Me gustaban las discos de moda del lugar en el que estuviera, la música norteña, salir durante la noche", señala al describir su gusto por las parrandas. "Empezaba la fiesta como a la una y casi todos los días me dormía como a las cuatro de la mañana y me levantaba a la una o dos de la tarde."

En efecto, la vida nocturna de Valdez Villarreal es parte medular de su historia. Con tal de divertirse no le importaba mostrarse públicamente. En un testimonio relató que se mezclaba con famosos del medio artístico y afirmó que muchos de los cantantes de música norteña y banda eran sus amigos, que los contrataba para sus fiestas privadas o lo invitaban a los lugares donde se presentaban. Agregó que desconocían su verdadera identidad, ya que ante ellos se hacía pasar como empresario del ramo del transporte y recurría a distintas identidades. También sostuvo que lo conocían actores de televisión, que con algunos trabó amistad y que ciertas mujeres fueron sus parejas sentimentales, aunque, en un gesto de caballerosidad, no reveló el nombre de ninguna, sólo que entre ellas había actrices, modelos y conductoras de programas de entretenimiento. *La Barbie* aseguró que no tuvieron nada que ver en su negocio ni sabían a qué se dedicaba realmente.

La diversión de Valdez Villarreal implicaba un exhaustivo trabajo de logística por parte de los responsables de su seguridad, quienes se anticipaban a la llegada de su jefe, revisaban por dónde entraría y cuál sería su ubicación en el interior, que debía ser un punto estratégico. No podían dar pie a ninguna sorpresa, pues mucha gente quería ver muerto a Valdez Villarreal y la policía lo buscaba por todos lados. Su cerco de seguridad inmediato lo conformaban hasta 20 hombres armados, todos pendientes de cualquier movimiento extraño, y si era posible cerraban el lugar donde se encontraba *La Barbie* para que se sintiera cómodo. Sus lugares favoritos se encontraban en

Interlomas —Estado de México—, Bosques de las Lomas —Distrito Federal— y la Zona Dorada de Acapulco —Guerrero—.

No es de extrañar, pues, que la vida nocturna fuera una de las grandes debilidades de *La Barbie*. Tan sólo hay que recordar que fue al término de una noche de fiesta y copas en Estados Unidos cuando Valdez Villarreal terminó en la cárcel por primera vez luego de matar a una persona en un accidente automovilístico. Su afición a las veladas nuevamente le traería problemas cuando cierta noche, durante una fiesta en Acapulco, le tomaron una fotografía que después se publicó en la portada de uno de los números de 2010 de la revista *Proceso*. Resultó ser una de las imágenes más recientes del capo; en ella aparecía con un vaso en la mano izquierda y abrazando a una mujer: Juana Hilda González Lomelí. Actualmente esta mujer se encuentra detenida, acusada del secuestro del empresario Hugo Alberto Wallace. (Las investigaciones señalan que Juana Hilda mantenía una relación sentimental con la víctima y fue la encargada de llevarlo la madrugada del 12 de julio de 2005 hasta un departamento de la colonia Extremadura Insurgentes, en la Ciudad de México, donde ya los esperaban sus cómplices.)

Sin embargo, sus apariciones, cada vez más frecuentes, en noticieros de televisión, medios impresos y páginas de los delincuentes más buscados dentro y fuera de México obligaron a Édgar Valdez Villarreal a retirarse de la vida nocturna. Más adelante declaró que la gente que lo conocía comenzaba a sospechar y a darse cuenta de su verdadera identidad, así que era mejor no arriesgarse. El día de su captura, *La Barbie* comentó que por fin entendió por qué capos como *El Chapo* Guzmán, *El Mayo* Zambada e incluso los hermanos Beltrán Leyva casi nunca se dejaban ver en lugares públicos y por qué decían que, cuanta menos gente conociera sus rostros, era más seguro. Sólo que Valdez Villarreal lo entendió muy tarde.

Uno de sus compañeros de parranda era nada menos que su compadre Gerardo Álvarez Vázquez, conocido como *El Indio*. Este hombre, que fue aprehendido en abril de 2010, relató: "Íbamos a veces a una disco o en un restaurante, con mariachis [...]. La última vez que estuvo ahí con mariachis fue por Interlomas. Ahí [...] por donde está [...] La Valentina. Nos miramos ahí, ahí nos citamos y tomamos. Cerrábamos el lugar pero pos no sé, yo me imagino que se imaginaban que andaban mal, pero no sabían quién éramos".

Nuevo estereotipo en el crimen organizado

AUN CUANDO Édgar Valdez Villarreal había caído, su figura seguía encendiendo la imaginación de la gente. Se alzó como el capo más mediático de la cultura pop, rompió el estereotipo del narcotraficante de sombrero, botas y joyas extravagantes. Ese hombre que estuvo en los frentes de batalla más violentos del narcotráfico en México durante dos décadas era el mismo que frecuentaba los antros de moda, que apareció ante la prensa vestido con una playera de marca y que gustaba de los buenos restaurantes y el buen vivir.

Para no pocos medios de comunicación se trataba de un personaje tan censurable como fascinante. Lo sedujo el poder, el poder que da el dinero. Lo vio pasar ante sus ojos en cantidades excepcionales. En su comparecencia, Édgar Valdez Villarreal narró con gran naturalidad que el dinero le llegaba de Estados Unidos en camiones, tal como la droga viajaba escondida hacia allá: en compartimientos habilitados en la estructura de los vehículos o camuflado entre la carga.

Pero esas fortunas no se quedan sólo en la imagen estremecedora de los fajos de billetes verdes apilados sobre una mesa. La realidad es que la mayor parte del dinero es "blanqueado" y acaba incorporándose a cuentas bancarias, propiedades y empresas.

Es justamente el poder económico el que les permite a los miembros del crimen organizado adentrarse profundamente en la sociedad. El dinero abre puertas, gana amistades, genera aceptación en medios donde la riqueza parece ser el único pasaporte.

A lo largo de los años hemos sido testigos de cómo ha ido cambiando el paradigma del capo. En el pasado muchos crecimos viendo en los noticieros a Alberto Sicilia Falcón, a Rafael Caro Quintero, a Félix Gallardo o a Ernesto Fonseca, capos de la vieja guardia, los "clásicos" del narcotráfico en México. Su mundo se caracterizaba por lo exótico y lo exagerado. Ahora el narcotráfico ofrece un panorama distinto, en muchos casos marcado por la moda y el glamour. Sus líderes viven en exclusivas zonas residenciales, asisten a los centros comerciales más sofisticados, frecuentan los lugares de entretenimiento de moda, hacen negocios de alto nivel y emplean a profesionistas calificados.

En el relevo generacional de los capos hay casos dignos de citarse, como el de Vicente Zambada Niebla, hijo de *El Mayo* Zambada, a quien arrestaron en el Pedregal, una zona tradicional de clase alta al sur de la Ciudad de México. Me llamó la atención la reacción de algunas mujeres que vieron la nota, pues decían que era una lástima, que estaba muy guapo. Y ciertamente daba la impresión de ser un sujeto bien portado, de barba cerrada y peinado impecable, pulcro, vestido con saco y camisa formal. Otro caso fue el de Vicente Carrillo Leyva, hijo de Amado Carrillo Fuentes, mejor conocido como *El Señor de los Cielos*. A Vicente Carrillo lo detuvieron mientras hacía ejercicio y llevaba puesto un juego de pants Abercrombie, muy de moda, y unos zapatos tenis con valor de más de cuatro mil pesos. Vivía en la exclusiva zona de Bosques de las Lomas, en el Distrito Federal.

Muchos de los narcotraficantes de hoy no sólo cuidan su apariencia y se ejercitan. Muchos, irónicamente, como *La Barbie*, ni siquiera consumen el producto que venden. Les gustan las mujeres hermosas, modelos o actrices de preferencia. Viven bien. Adoran la fiesta, pero no drogarse. Otros cuentan con buena preparación escolar, posgrados, algunos en universidades extranjeras. Herramientas académicas que terminarán aprovechando en el "negocio" para dirigir operaciones e invertir las ganancias.

II. De *El Ken* a *La Barbie*: la huida a México

ÉDGAR VALDEZ VILLARREAL nació en Laredo, Texas, el 11 de agosto de 1973. Fue el quinto de ocho hermanos que crecieron en el seno de una familia de comerciantes de clase media. Desde niño se aficionó al deporte, y durante sus años como estudiante de *high school* (equivalente al bachillerato) jugó para el equipo de futbol americano de su escuela en la posición de *quarterback*; gracias a ello obtuvo una beca para la Universidad de Texas pero, como se relató antes, un accidente de tráfico cambió el rumbo de su vida. Ocurrió durante unas vacaciones de verano. Salió de una fiesta en la que había ingerido bebidas alcohólicas; en ese estado iba conduciendo y se vio involucrado en un percance que provocó la muerte de una persona. Terminó en la cárcel, aunque por muy poco tiempo, ya que se comprobó que se había tratado de un homicidio culposo. Sin embargo, esos antecedentes penales lo hicieron perder la beca.

Acabó por abandonar los estudios en 1990, a los 17 años de edad. Y a pesar de que sus padres lo apoyaron para que iniciara un negocio de engorda de ganado en su ciudad natal, no era eso lo que Valdez Villarreal anhelaba. Le gustaba vivir bien y pronto encontró el camino para lograr sus sueños: el comercio de sustancias ilegales. Su inteligencia y facilidad para las relaciones públicas le permitieron formar su propia red de distribución de mariguana al menudeo. A los 19 años fue detenido por la Agencia Antidrogas de Estados Unidos (DEA, por sus siglas en inglés), pero no pisó la cárcel, salió libre bajo fianza. De acuerdo con las leyes estadounidenses, las personas sorprendidas con droga pueden alcanzar fianza para ser procesadas en libertad, dependiendo de sus antecedentes penales y de la cantidad que porten.

Aquel encuentro con la justicia de su país no frenó la carrera criminal de Valdez Villarreal, sino todo lo contrario. En 1998, cuando éste ya tenía 25 años de edad, la DEA consiguió una orden de aprehensión en su contra, pero él logró burlarlos y escapó a México. Entró por Nuevo Laredo, Tamaulipas, donde reanudó su actividad de distribución de drogas. Aparte de su carisma y peculiar personalidad, contaba con un buen conocimiento del mercado de consumo y distribución de enervantes entre los jóvenes estadounidenses.

En la preparatoria a Valdez Villarreal le decían *El Ken* en alusión a la pareja de la famosa muñeca Barbie. Así lo explicaba él mismo a los nuevos amigos que hizo cuando cruzó la frontera y que maliciosamente decidieron cambiarle el apodo por *La Barbie*.

Contactos clave en Tamaulipas y Nuevo León

UNA VEZ ASENTADO en Tamaulipas, Valdez Villarreal no perdió el tiempo y rápidamente buscó contactos en el mundo criminal. Se asoció con el sobrino del narcotraficante Dionisio Román García Sánchez, *El Chacho* (líder de Los Chachos y que sería secuestrado y asesinado por Los Zetas en mayo de 2002) para traficar mariguana hacia Estados Unidos. Esa amistad le valió para no pagar "derecho de piso", a pesar de que sus envíos eran cada vez más grandes. Según relató el mismo Valdez Villarreal, traficaba mensualmente de 500 a 600 kilos de mariguana. *El Chacho* García controlaba Nuevo Laredo, pero la disputa por la plaza con Osiel Cárdenas Guillén lo obligó a buscar una alianza con los hermanos Beltrán Leyva, que en ese entonces estaban ligados al Cártel de Juárez. Para facilitar el trasiego, a Valdez Villarreal se le ocurrió crear una empresa de transportes de carga en la ciudad de Matamoros.

En el año 2000 conoció y dio trabajo por un tiempo a un sujeto identificado como José Jorge Balderas Garza, *El Batman*, un joven atlético con el que compartía las aficiones a la vida nocturna y a las mujeres exuberantes. Una década después, ese mismo Balderas Garza se haría tristemente célebre por dispararle en la cabeza al futbolista paraguayo Salvador Cabañas.

Otro personaje que *La Barbie* contactó en Tamaulipas fue Sergio Villarreal Barragán, *El Grande*, que traficaba con droga desde el estado de Chiapas hasta Estados Unidos. Según contó *La Barbie*, realizó varios trabajos con él en ese tiempo; años después lo reclutaría en sus filas y entre ellos nacería una amistad, la cual, como se describirá más adelante, tuvo un fin inesperado.

En aquel estado del norte también conoció a un hombre que con el paso del tiempo sería uno de sus principales colaboradores y gente cercana: su futuro suegro Carlos Montemayor, quien tras la captura de *La Barbie* se quedaría brevemente al frente de los negocios. Tres meses después también sería detenido por la Policía Federal.

El crecimiento de *La Barbie* dentro del tráfico de drogas no pasó inadvertido, aunque su éxito vino acompañado de nuevos enemigos. *El Chacho* García ahora quería matarlo porque creía que *La Barbie* no estaba respetando los acuerdos que tenían. Paradójicamente, Los Zetas, brazo armado del Cártel del Golfo de Osiel Cárdenas Guillén, también le habían puesto precio a su cabeza porque lo consideraban parte de la organización de *El Chacho* García. Ante esta doble amenaza, Valdez Villarreal se trasladó a la ciudad de Monterrey, en el estado vecino de Nuevo León, donde continuó con el trasiego de narcóticos, sin abandonar su gusto por la fiesta. Ahí conoció a Jaime Valdez Martínez, *El Güero*, hombre que estaba al servicio del Cártel de Sinaloa.

Osiel en el nuevo mapa de las organizaciones criminales

CUANDO Édgar Valdez Villarreal llegó a México, una generación de capos se había terminado y el mapa de las organizaciones criminales estaba cambiando, a veces radicalmente. Mientras que en Tijuana se mantenían fuertes los hermanos Arellano Félix, *El Chapo* Guzmán y *El Güero* Palma, del Cártel de Sinaloa, se hallaban en prisión tras ser aprehendidos en 1993 y 1995, respectivamente. El que en su momento fue considerado el enemigo público número uno, Juan García Ábrego, cabeza del Cártel del Golfo, había sido capturado en 1996 y extraditado a Estados Unidos. Amado Carrillo Fuentes, *El Señor de los Cielos*, jefe del Cártel de Juárez, había muerto durante una cirugía plástica en 1997. Lo relevó su hermano, Vicente Carrillo Fuentes, *El Viceroy*. Personajes como Ismael *El Mayo* Zambada y los hermanos Beltrán Leyva podían utilizar Juárez en sus rutas.

Otra gran reestructuración tuvo lugar en el Cártel del Golfo con el ascenso de Osiel Cárdenas Guillén, *El Mata Amigos*. Este hombre de baja estatura y complexión robusta inició su carrera delictiva a los 19 años de edad robando autopartes y desvalijando vehículos, para lo cual utilizaba un taller mecánico que después también usó para la distribución de drogas al menudeo. Su habilidad para la venta de narcóticos llamó la atención del entonces líder del Cártel del Golfo, el referido Juan García Ábrego, quien lo convirtió en uno de sus principales operadores. Ya dentro de la organización, Osiel conoció a Salvador Gómez Herrera, brazo derecho de García Ábrego. La situación del cártel dio un giro el 14 de enero de 1996, cuando García Ábrego, de nacionalidad estadounidense, fue detenido en Matamoros por el Ejército mexicano y extraditado de inmediato a su país, donde tenía varias órdenes de aprehensión.

La sucesión en el mando en una organización criminal suele ir acompañada de violencia y muerte. Lo saben sus miembros, y el que ambicione la posición de mando debe estar dispuesto a matar o morir. Tras la caída de García Ábrego, Salvador Gómez Herrera asumió el liderazgo del cártel; sin embargo, semanas después lo asesinaron en una emboscada. Osiel Cárdenas Guillén tomó su lugar en la organización. Todo parece indicar que fue él quien mató al que había sido su amigo para quedarse con el control del grupo —de ahí su sobrenombre— y se dice que también con su mujer.

Osiel trascendió en la historia del narcotráfico en México porque llevó a otro nivel los métodos violentos y el alcance de los grupos de sicarios. Para combatir a sus rivales, creó un ejército de asesinos a sueldo formado por desertores de un grupo selecto de operaciones especiales de la Secretaría de la Defensa Nacional conocido como GAFES (Grupo Aeromóvil de Fuerzas Especiales). Los GAFES surgieron hacia 1980 para realizar misiones secretas y estaban integrados por elementos capacitados en Estados Unidos (con los Rangers) y Centroamérica (con los Kaibiles, ejército élite de Guatemala). Así pues, los miembros de los GAFES se distinguían por su especial preparación técnica, táctica y física. Los capacitaban en el manejo de explosivos y armas de alto poder, estrategias de supervivencia, acciones de intervención, rapel, asalto, inmersión acuática y más. Aquellos desertores, luego entonces, no eran unos sujetos cualquiera. Se les llamó Los Zetas porque la Z era la clave que tenían los militares en activo que ocupaban el cargo de subdelegados operativos de la extinta Policía Judicial Federal.

El impacto de los ataques terroristas de 2001

EL 20 DE ENERO DE 2001, Joaquín Archivaldo Guzmán Loera, *El Chapo*, se fugó de la cárcel de máxima seguridad de Puente Grande, Jalisco. Ese hecho cimbraría a las organizaciones criminales y provocaría un nuevo reacomodo. En el Cártel de Sinaloa, llamado también La Federación, se agruparon algunos de los capos más importantes del país, entre ellos Ismael Zambada García, *El Mayo*; Vicente Carrillo Fuentes, *El Viceroy*; Ignacio Coronel, *Nacho* Coronel; Juan José Esparragoza, *El Azul*; los hermanos Arturo, Alfredo, Héctor, Carlos y Amberto Beltrán Leyva, y desde luego el mismo *El Chapo*.

Sin embargo, el año 2001 tenía reservados acontecimientos de mayor alcance que, por inverosímil que parezca, afectaron al mundo del narcotráfico. En la mañana del 11 de septiembre de 2001, dos aviones de pasajeros se estrellaron contra las Torres Gemelas del World Trade Center, en Nueva York; otro más se precipitó sobre el Pentágono, en Washington, y un cuarto cayó en un paraje de Pensilvania. El mundo como lo conocíamos cambió para siempre, aunque la mayoría de los mexicanos, atentos a la amenaza del terrorismo y al riesgo de una guerra en Medio Oriente, no alcanzamos a comprender las consecuencias que los atentados traerían para el país.

Estados Unidos adoptó medidas de seguridad extremas, incluida una férrea vigilancia en sus fronteras. El tráfico de drogas hacia ese país, por tanto, resintió los embates del nuevo panorama mundial. Dada la mayor vigilancia en los cruces tradicionales entre México y su vecino del norte, como los de Tijuana-San Diego y Ciudad Juárez–El Paso, la opción para enviar droga que suponía menor riesgo era la llamada "frontera chica", es decir, la que divide a los estados de Tamaulipas y Texas. En algunos puntos de dicha línea fronteriza, el cauce del Río Bravo apenas alcanza unos cuatro metros de ancho y medio metro de profundidad.

Por aquel entonces, este territorio se hallaba bajo el control del Cártel del Golfo de Osiel Cárdenas Guillén y Los Zetas, pero al poco tiempo otras organizaciones criminales descubrieron el atractivo y las ventajas de la "frontera chica", que se volvió la manzana de la discordia. Muchos querían introducir droga a Estados Unidos por ahí y, para lograrlo, había que pagar "derecho de piso" al Cártel del Golfo o adueñarse del territorio por la fuerza.

La Barbie conoce a Arturo Beltrán Leyva

LOS HERMANOS Alfredo, Arturo, Héctor, Carlos y Amberto Beltrán Leyva, originarios de Sinaloa y emparentados con *El Chapo* Guzmán, destacaron por su alto grado de operatividad y violencia al servicio del Cártel de Sinaloa. A Alfredo, Arturo y Héctor los llamaban *Los Tres Caballeros*.

En el año 2002, en una reunión celebrada en el municipio de Vallecitos, Sinaloa, Alfredo Beltrán Leyva fue designado responsable de coordinar la seguridad de los líderes del Cártel de Sinaloa y de su bien más preciado: sus familias. Asimismo, los altos jefes le encomendaron el trasiego de droga en el estado. De manera que Alfredo tenía el control de la operación criminal, del reclutamiento de autoridades locales y federales, y del movimiento de droga. Por otro lado, Arturo era el enlace del Cártel de Sinaloa con el líder del Golfo, Osiel Cárdenas Guillén.

Ese mismo año, *La Barbie* ya contaba con un grupo de más de 25 personas y seguía enfrascado en una guerra con Los Zetas. A fin de resolver el conflicto, Jaime Valdez Martínez le propuso trasladarse a la Ciudad de México para presentarlo con Arturo Beltrán Leyva, *El Barbas*, que por ese entonces, junto con sus hermanos, ya se había asentado en la capital del país. Édgar Valdez Villarreal narra que el encuentro con *El Barbas* fue en un rancho del capo en la zona del Ajusco, al sur del Distrito Federal. Incluso recuerda detalles como que los recibieron con una carne asada —los mejores cortes, desde arrachera hasta palomilla—, acompañada de tortillas de harina, frijoles meneados, cervezas heladas y whisky, todo muy al estilo norteño.

No tardaron en tocar el tema principal de la reunión: la guerra de *La Barbie* con Los Zetas, en particular con uno de sus fundadores y actuales líderes: Miguel Ángel Treviño Morales, *El Z40*, un desertor del Ejército. La pugna entre *La Barbie* y *El Z40* se había originado por la ejecución de un hermano del líder de Los Zetas, quien acusaba a Valdez Villarreal de ser el culpable. Arturo Beltrán Leyva le ofreció a *La Barbie* ayudarlo y conseguir que el líder del Cártel del Golfo, Osiel Cárdenas Guillén, lo recibiera para aclarar "malos entendidos". Con esa promesa, *La Barbie* regresó a la ciudad de Monterrey, Nuevo León, en espera de la cita.

El Barbas cumplió su palabra y le concertó una cita con Osiel, cuya gente se encargó completamente de la logística de la entrevista. Recogieron a Valdez Villarreal en Monterrey; pasó por él un sujeto de apellido Ballesteros, uno de los hombres de confianza del líder del Cártel del Golfo. *La Barbie* estaba consciente de que en ese mundo un error o un descuido cuesta la vida y de que no contaba con garantías de regresar. ¿Cómo saber si no sería una ficha de intercambio entre capos? En cualquier momento, el vehículo donde lo transportaban podría hacer un alto en medio de la nada y ahí acabar su historia. *La Barbie*, sin embargo, afrontó la situación con entereza, lo cual retrata perfectamente su ambición, su determinación a arriesgar la vida.

De Monterrey lo llevaron a Reynosa, Tamaulipas; posteriormente, a la ciudad de Matamoros, a un taller mecánico. Tras una larga espera, llegó Osiel Cárdenas Guillén. Cuestionó a *La Barbie* sobre su presencia en Tamaulipas y le preguntó cuánta droga estaba pasando por la zona de Nuevo Laredo. Valdez Villarreal respondió asegurando que en ese tiempo, debido a la cacería que había en su contra, había dejado de operar.

Después de aquella reunión, Édgar Valdez Villarreal pudo regresar a Nuevo Laredo. Le habían autorizado operar siempre y cuando pagara el respectivo "derecho de piso". Eso, sin embargo, no iba a durar mucho.

La caída de Osiel

DURANTE una de sus andanzas nocturnas, *La Barbie* tuvo un altercado en un bar con uno de los hombres de Osiel Cárdenas Guillén. Se liaron a golpes pero, gracias a su juventud y fortaleza, Valdez Villarreal superó ampliamente a su rival. El hecho no le gustó al jefe del cártel, quien mandó llamar nuevamente a *La Barbie* a Matamoros. Sin embargo, ese otro encuentro ya no se realizó, pues el 14 de marzo de 2003 Osiel fue detenido por el Ejército mexicano en el fraccionamiento Satélite de aquella ciudad tamaulipeca.

Los militares llegaron hasta una de sus casas de seguridad, en una operación que no fue nada sencilla: las autoridades sabían que contaba con diversos cordones de protección integrados por hasta 300 hombres fuertemente armados. Una vez aprehendido el líder del Cártel del Golfo, fue atacado el convoy que lo trasladaba a la zona militar de Matamoros; hubo que recurrir al auxilio de un helicóptero artillado para evitar que el capo fuera liberado.

La caída de Osiel Cárdenas Guillén acarreó una gran ruptura dentro del Cártel del Golfo. Los líderes de Los Zetas decidieron independizarse de sus antiguos empleadores en Tamaulipas para formar su propia organización, lo cual eventualmente los haría contraponerse al nuevo líder del cártel y hermano de Osiel: Ezequiel Cárdenas Guillén, apodado *Tony Tormenta* por su carácter explosivo. (*Tony Tormenta* moriría en un enfrentamiento con personal de la Secretaría de Marina el 5 de noviembre de 2010, en Tamaulipas.)

Por otro lado, con *El Chapo* Guzmán en libertad, el Cártel de Sinaloa comenzó su expansión hacia las ciudades de Tijuana y Ciudad Juárez, y hacia el estado de Tamaulipas. Así que la guerra era inevitable. Tamaulipas se convirtió en un violento frente de batalla que se extendió a otras entidades y literalmente bañó de sangre al país. Aunado a lo anterior, México dejó de ser un país de paso de estupefacientes y se convirtió también en consumidor. La feroz lucha ya no era sólo por las ciudades fronterizas de trasiego, sino también por el control de las ciudades consumidoras.

En un asunto más personal, Miguel Ángel Treviño, *El Z40*, seguía insistiendo en que Édgar Valdez Villarreal era el asesino de su hermano y que, además, había dado aviso a las autoridades sobre la ubicación de Osiel Cárdenas Guillén. Razones suficientes para querer matar a *La Barbie*.

III. De la mano de Arturo Beltrán Leyva

A RAÍZ DEL CONFLICTO, *La Barbie* se vio obligado a cambiar de aires otra vez. Abandonó las tierras regiomontanas y se dirigió a la Ciudad de México, adonde llegó para trabajar con *El Barbas*, Arturo Beltrán Leyva. El caos ofrecía oportunidades de crecimiento para un joven ambicioso y efectivo como Édgar Valdez Villarreal. Quizá, si no se hubiera suscitado la crisis de organizaciones criminales, él no habría crecido tanto como lo hizo. *El Barbas* lo recibió con gusto, sería un elemento valioso para los tiempos por venir. Hay versiones que señalan que *La Barbie* se convirtió en el jefe de seguridad del sinaloense.

Así pues, a partir de 2004 se desató una ola de violencia por el control de los estados estratégicos para el tráfico de droga, con las consecuentes ejecuciones entre el Cártel de Sinaloa, el Cártel del Golfo y Los Zetas. Los principales estados en disputa eran Guerrero, Nuevo León, Tamaulipas, Michoacán y Quintana Roo. Debido al accionar cada vez más independiente de Los Zetas, la violencia en esas entidades llegó a niveles nunca antes vistos en México; el origen castrense de sus fundadores se sumó a su crueldad y ambición, y el resultado fue que a la guerra incorporaron salvajes torturas, decapitaciones y descuartizamientos. También se sabe que en algún momento integraron a sus filas a ex combatientes Kaibiles de Guatemala, conocidos no sólo por su dureza sino también por su brutalidad, con el propósito de adiestrar a nuevos reclutas y apoyar la operación de los existentes.

Los enfrentamientos y la pérdida de importantes operadores de todos los bandos a causa de las detenciones y las ejecuciones llevaron a los principales líderes a acercarse para discutir un pacto de no agresión, el cual fue negociado por Arturo Beltrán Leyva, como representante de la Confederación Sinaloa-Pacífico, y Heriberto Lazcano, *El Lazca*, como representante del Cártel del Golfo.

No obstante, el conflicto de *La Barbie* con Los Zetas se complicó porque éstos rompieron todos los pactos con otros cárteles y, debido a ello, en el año 2004 el Cártel de Sinaloa le encargó a Valdez Villarreal pelearles la plaza de Nuevo Laredo. *La Barbie* reclutó asesinos a sueldo, tanto mexicanos como estadounidenses integrantes de algunas pandillas que operaban en ambos lados de la frontera. Su grupo de sicarios se conoció como Los Pelones. La guerra dio un vuelco más encarnizado en los estados de Tamaulipas y Nuevo León. Diversas averiguaciones previas de la SIEDO y reportes de la DEA señalan que *La Barbie* y Los Zetas protagonizaron enfrentamientos en avenidas principales y centros comerciales; que realizaban "levantones" y se dejaban mensajes en los cadáveres de sus enemigos.

De la mano de los hermanos Beltrán Leyva, Édgar Valdez Villarreal había incursionado en las grandes ligas del narcotráfico. El destino de los hermanos, sin embargo, iba a cambiar de rumbo radicalmente. Según fuentes federales, la aparente ruptura de los Beltrán Leyva con el Cártel de Sinaloa tal vez ocurrió a raíz de que Arturo acordó con integrantes del Cártel del Golfo la repartición de plazas a nivel nacional sin el pleno consentimiento del resto de miembros de la Confederación.

Narcovideo: un triste parteaguas

AL AÑO SIGUIENTE, 2005, por la confianza y la lealtad que le demostró Édgar Valdez Villarreal, Arturo Beltrán Leyva le asignó el control de la plaza de Acapulco, Guerrero. *La Barbie* cuenta que viajó por carretera desde la ciudad de Monterrey al puerto del Pacífico en un Ferrari. Ese nombramiento concidió con un aumento de violencia que convirtió al puerto en una auténtica trinchera. El Acapulco dorado y tranquilo de antaño empezó a perder mucho de su esplendor. Los combates entre grupos rivales se suscitaron en las calles a plena luz del día y ya no se trataba sólo de balaceras, sino que se usaban incluso granadas y bazucas que literalmente hacían retumbar a la ciudad. De manera constante aparecieron cuerpos con huellas visibles de tortura y acompañados de mensajes.

En este contexto, el primero de diciembre de 2005 la historia del narcotráfico en México entró a una nueva faceta, porque en esa fecha se difundió la primera videograbación de un interrogatorio a miembros de una organización criminal y una ejecución al término de éste. El video, que llegó hasta la redacción del periódico estadounidense *The Dallas Morning News*, tiene seis minutos de duración. En él se observa a cuatro hombres visiblemente golpeados, presuntos sicarios pertenecientes a Los Zetas, sometidos en el suelo, con el torso desnudo y las manos atadas, en una habitación de paredes claras.

El audio de la grabación permite identificar la voz de un hombre fuera de cuadro, quien es el que se encarga de interrogar a los supuestos Zetas. Éstos narran la forma en que capturaban a sus víctimas, cómo las asesinaban y cómo después quemaban sus cuerpos para no dejar evidencia. Al final del interrogatorio, una mano enfundada en un guante negro empuña una pistola, la acerca a la cabeza de uno de los sujetos, dispara y en ese momento termina la grabación.

Este tipo de videos se volvió una nueva forma de intimidación y advertencia entre grupos rivales. Hoy, incluso, en Internet existen páginas que exhiben grabaciones de enfrentamientos, interrogatorios y asesinatos.

El entonces subprocurador contra la Delincuencia Organizada de la Procuraduría General de la República (PGR) de México, José Luis Santiago Vasconcelos, confirmó la autenticidad del video y que habían sido localizados los cuerpos de las cuatro personas que aparecen en la grabación. Agregó que el video se había realizado en mayo de 2005, en Acapulco, y que el presunto responsable de los homicidios podría ser Édgar Valdez Villarreal, del Cártel de los Beltrán Leyva. *La Barbie* negó esta versión cuando lo capturaron y declaró que los responsables del video eran gente de *El Chapo* Guzmán, del Cártel de Sinaloa, que también tenía presencia en el puerto.

La cumbre

EN 2006, *La Barbie* extendió el control de las operaciones de droga para los hermanos Beltrán Leyva en todo el estado de Guerrero, asesinando o reclutando a líderes de otras organizaciones criminales y a productores de droga. En esta época, *La Barbie*, buscando rodearse de gente de confianza que lo apoyara en la tareas que se le habían encomendado, invitó a trabajar con él a su amigo Sergio Villarreal Barragán, *El Grande*, aquel que había conocido en Tamaulipas cuando ambos se dedicaban al tráfico de mariguana. *El Grande* respondió al llamado y ocupó de manera inmediata un lugar cercano a Édgar Valdez Villarreal; se caracterizaba por la violencia con que asesinaba a sus enemigos y hay quienes aseguran que era más sanguinario que *La Barbie*; eso le dio la confianza de los jefes de la organización.

A mediados de 2007, en Cuernavaca, Morelos, *La Barbie* participó en una cumbre celebrada entre los líderes de los cárteles de Sinaloa, Juárez, Golfo y Los Zetas para pactar el término de las agresiones. Sin embargo, es fácil imaginar la dificultad no sólo para alcanzar acuerdos, sino para hacerlos cumplir y confiar en los demás en un ambiente en el que todo debe manejarse en la clandestinidad.

Valdez Villarreal estuvo en la primera fila de muchos eventos decisivos de la guerra entre narcotraficantes. Su vida se vinculó a las decisiones de los grandes capos y nunca dudó en los momentos en que tuvo que entrar en combate; no obstante, cuando lo aprehendieron declaró que para él lo mejor era dejarse de peleas, pues consideraba que el negocio era suficiente para que todos pudieran trabajar.

Es interesante repasar los comentarios que *La Barbie* externó sobre las disputas entre narcotraficantes. Por ejemplo, luego de su captura se refirió al conflicto entre los Beltrán Leyva y *El Chapo* Guzmán. Relató que durante su paso por el mundo del narco tuvo contacto con Joaquín *El Chapo* Guzmán, Ismael *El Mayo* Zambada y Juan José Esparragoza, *El Azul*. Dijo que a *El Chapo* Guzmán lo conoció en una de las reuniones secretas a las que sólo asistían los capos principales con su primer círculo de seguridad. En dicha reunión se acordó que Los Zetas sólo iban a comunicarse con Arturo Beltrán Leyva, y que únicamente éste iba arreglar cualquier asunto que surgiera. Mas no fue así; comenzaron las desavenencias entre ellos por "envidias" y volvió la guerra, pero con *El Chapo*. "Las envidias entre Arturo y *El Chapo* y *El Mayo*, *Nacho* Coronel, todos ellos", indicó *La Barbie*.

Relató que todo el conflicto comenzó por Juárez, debido a que no querían a José Luis Ledesma, *El JL*, el operador de Vicente Carrillo; el Cártel de Sinaloa sólo deseaba negociar con Vicente Carrillo para poder pasar por aquella ciudad fronteriza. En este entorno fue que *El Chapo* introdujo en Ciudad Juárez a su personal sin respetar el pacto. *La Barbie* refirió: "Le comenzó a meter gente, y mataba gente y decía que él no, y era la gente de él. Entonces hablaron y hablaron y hablaron de muchos puntos, pero eso nunca se arregló porque no estaban de acuerdo [...], [era] la gente de abajo la que decía que no, y pues se pelearon por la gente de abajo, la gente de *El Chapo* con ellos".

Y aseguró: "En el conflicto por el control de Ciudad Juárez, la muerte de Arturo Beltrán no tuvo que ver; [...] ya estaba el conflicto con *El Chapo* Guzmán porque no honraba su palabra, [...] no cumplía los acuerdos. Decía que nos iba a mandar un millón, en cada junta nos mandaba un millón y no mandaba ni un cinco. Nunca nos apoyó a nadie pa' la guerra".

La guerra entre organizaciones de narcotraficantes iba destruyendo la paz de cada vez más zonas del país, mientras que las muestras de la brutalidad empleada ocupaban las primeras planas y horrorizaban a la sociedad. La disputa por dominar territorios importantes para el negocio millonario de las drogas acrecentaba la ambición de los personajes de mayor peso, lo que llevó tanto a rupturas costosas como a alianzas inverosímiles. A pesar su evidente acenso, Édgar Valdez estaba sujeto a los vaivenes de este juego de poder; si bien mostraba temple y aptitud para estar en los frentes de la reñida batalla, no podía decirse que fuera dueño de su destino. Eso sí, su mayor virtud hasta entonces era su gran capacidad de adaptación a los cambios y saber sacarles provecho. Trabajaba con gente asociada al cada vez más poderoso *Chapo* Guzmán, lo que lo respaldaba para combatir a sus enemigos. Con todo, es probable que no haya vislumbrado el giro que las cosas estaban por dar.

Los Beltrán Leyva contra *El Chapo*

El rompimiento entre los hermanos Beltrán Leyva y *El Chapo* Guzmán es uno de los acontecimientos que ha provocado más derramamiento de sangre en la guerra por las rutas del narcotráfico. Tal vez nunca se conozcan las razones que dieron lugar a dicha ruptura. Se cuenta con las versiones de detenidos, pero a veces ni ellos mismos están seguros de lo que sucedió: algunos sólo repiten rumores que oyeron; hay quienes no declaran por temor a que eso influya en sus procesos penales o a que se les involucre con otros criminales; no pocos se llevaron el secreto a la tumba.

Quizá la versión más creíble del rompimiento es la que explica que la captura y el encarcelamiento de Alfredo Beltrán Leyva, *El Mochomo*, provocaron que su hermano Arturo iniciara una guerra de odio contra el grupo de *El Chapo* Guzmán. A Arturo no le cupo la menor duda de que *El Chapo* los había traicionado cuando se enteró de la detención de Alfredo en Culiacán, Sinaloa, el 21 de enero de 2008, así como de la aprehensión en el Distrito Federal de 11 miembros del grupo de seguridad del propio Arturo Beltrán Leyva autodenominado FEDA (Fuerzas Especiales de Arturo), que la Policía Federal llevó a cabo el 22 de enero en dos casas de seguridad de *El Barbas* ubicadas en las exclusivas colonias San Ángel y Pedregal de San Ángel, al sur de la capital del país.

El resto de los hermanos Beltrán Leyva respondieron asociándose con integrantes del Cártel del Golfo e hicieron un frente común contra el Cártel de Sinaloa, lo que generó una lucha por el control de la plaza de Sinaloa entre este último cártel y el nuevo grupo criminal: el Cártel de los Beltrán Leyva o del Pacífico Sur. La ola de violencia estalló primero en Sinaloa debido a que ambos grupos tenían ahí su base de sus operaciones. El nuevo líder de la organización de los Beltrán Leyva fue Arturo, que a partir de ese momento sería llamado *El Jefe de Jefes*.

Supuestamente, la gente de *El Chapo* había entregado a *El Mochomo* porque ya no les convenía que los Beltrán

Leyva conservaran la plaza de Sinaloa y buscaban recuperarla. No obstante, cabe la posibilidad de que esa versión haya sido una mera confusión, pues el mismo Alfredo Beltrán Leyva le mandaría decir posteriormente a su hermano Arturo que las cosas no habían sido así, pero era muy tarde, porque ambos bandos ya se habían enfrascado en la lucha sanguinaria.

Otra posibilidad del origen del conflicto es que Arturo Beltrán Leyva simplemente hubiera tomado como pretexto la aprehensión de su hermano para romper con el Cártel de Sinaloa, fortalecer su alianza con el Cártel del Golfo y ampliar su poder y control de plazas. Si así fue, se llevó la verdad consigo.

La noche del 8 de mayo de 2008, Culiacán se sacudió con un fuerte enfrentamiento ocurrido en el estacionamiento de un centro comercial; se utilizaron armas de alto poder, fusiles de asalto AK-47 y una bazuca. Los primeros informes de la Policía Ministerial del estado establecieron que varios hombres armados que viajaban —como es usual— en dos camionetas de lujo atacaron a tres personas en el momento en que bajaban de una camioneta Toyota blindada. De la refriega quedó huella en la fachada del centro comercial, la cual recibió un impacto de bazuca.

Édgar Guzmán López, hijo de Joaquín *El Chapo* Guzmán, y su primo Arturo Meza murieron en el lugar de los hechos. El ataque, como era de esperarse, de inmediato se vinculó a la disputa con los Beltrán Leyva. Aunque todo se hubiera originado por un error, ahora la situación había llegado a un punto sin retorno.

El rompimiento de los Beltrán Leyva con el Cártel de Sinaloa sometió a los integrantes de ambas organizaciones a una gran tensión e incluso angustia, como se manifiesta en el testimonio de Manuel Fernández Valencia, mejor conocido como *La Puerca*, *La Marrana* o *El Animal*, integrante del círculo cercano de *El Chapo*. Más adelante, por instrucciones de éste, *La Puerca* sería el sucesor de Ignacio *Nacho* Coronel. (Ignacio Coronel Villarreal murió en un enfrentamiento con militares el 29 de junio de 2010.)

La Policía Federal le echó el guante a Fernández Valencia en Culiacán, el 8 de noviembre de 2010. Este hombre, de 42 años de edad, pulcro, voz amable y muy educado, dio su versión de lo que sucedió dentro del Cártel de Sinaloa tras la captura de Alfredo Beltrán Leyva, a quien señaló como primo de Joaquín *El Chapo* Guzmán. Contó que la detención de *El Mochomo* lo hizo sentir muy mal porque era un buen amigo suyo. Agregó que, como Alfredo era familiar de *El Chapo* Guzmán, habló con éste luego de su detención.

—Está muy duro y tiene que echarle mucha, mucha cabeza, muchas ganas mi compadre, porque está duro —dijo *El Chapo*, pues sabía lo que era la cárcel.

Tranquilo y resignado, *La Puerca* refirió que, tras la captura de *El Mochomo*, "se generaron una serie de rumores en el sentido de que *El Chapo* lo 'había puesto' supuestamente para quitarlo de ahí de Culiacán de la plaza [...] Pues el mitote se hizo grande ahí en Culiacán y ya a poquito de cuando empezaron los pleitos ahí, le matan a su hijo a él, a Édgar, y ya empezó toda la guerra, y yo me fui en julio a Estados Unidos, por lo mismo por miedo a como estaban las cosas y era entre la misma gente". Como él, muchos se vieron obligados a escoger un bando, sabiendo que un error les costaría la vida.

Fernández Valencia continuó recordando que conoció a Arturo Beltrán Leyva en su casa de Cuernavaca, que lo había enviado su hermano Alfredo. "Porque [...] un muchacho me debía dinero en Los Ángeles y yo le dije que si me mandaba con él para preguntarle si de las amistades, como conocen mucha gente ellos, a ver si me podía ayudar a cobrarles. [...] En un centro comercial, al llegar ahí por Cuernavaca, [...] me recogió una persona y me llevó a una casa y ya en esa casa ya estaba *La Barbie* y pistoleros que no conozco yo."

Relató que cuando comenzaron los conflictos dentro de la organización Arturo lo llamó por teléfono, lo cual lo sorprendió porque no trabajaba para él. "Me preguntó que si me iba a quedar con *El Chapo* o que si me iba a ir con él, y le contesté que no estaba peleando: 'Yo estoy neutral, para ningún lado, yo no tengo gente, no estoy peleando, yo no tengo nada' [...], pero dijo: 'Aquí el que esté conmigo está conmigo, y el que esté con el de arriba pues es mi enemigo' Y ya de ahí nunca tuve yo comunicación ni nada con ese hombre."

Manuel Fernández Valencia se quedó en Culiacán, del lado de *El Chapo* Guzmán y de su hijo Alfredo Guzmán. Como se observó antes, después de la muerte de *Nacho* Coronel, *El Chapo* Guzmán nombró a *La Puerca* su sucesor con la orden de trabajar junto con Alfredo Guzmán. Sin embargo, la Policía Federal frustró esos planes, ya que arrestó a Fernández Valencia en su natal Culiacán.

Morelos, territorio estratégico

DESDE LOS AÑOS 90, Morelos resultó un enclave muy atractivo y crucial para secuestradores y narcotraficantes por su situación geográfica, entre el Distrito Federal y el estado de Guerrero, y por su clima, paisajes y zonas de recreo que lo hacen un sitio privilegiado para vivir. Por ahí han pasado o se han asentado importantes personajes de la delincuencia organizada, como el tristemente célebre secuestrador Daniel Arizmendi, *El Mochaorejas*, quien sería detenido el 18 de agosto de 1998 en el Estado de México.

Amado Carrillo Fuentes y Arturo Beltrán Leyva también se refugiaron en la entidad. Fue durante el gobierno de Jorge Carrillo Olea, quien debió renunciar a su cargo a raíz del escándalo que se desató cuando en enero de 1998 fueron detenidos Armando Martínez Salgado, Jacinto Armendáriz Rosas y Fidel Pascual Espinoza López, integrantes de la Unidad Antisecuestros de la Policía Judicial de Morelos. Esto sucedió en la carretera México-Iguala, cuando los tres intentaban deshacerse del cadáver de Jorge Nava Avilés, presunto responsable de los delitos de secuestro y asalto con violencia. A Carrillo Olea se le acusó de proteger a la delincuencia durante su mandato; él mismo ha sostenido que no se puede acabar con el narco sino sólo controlarlo, y que el tráfico de drogas es un problema de salud, no criminal, lo cual resulta paradójico porque, antes de ocupar la gubernatura de Morelos, el general Jorge Carrillo Olea fue director fundador del Centro de Investigación y Seguridad Nacional (CISEN) —institución de inteligencia del Estado mexicano— y coordinador y fundador de la Comisión para la Atención contra los Delitos de la Salud de la PGR.

De hecho, entre 1994 y 1995 las bandas de secuestradores La Víbora, Los Aparicio y Los Tlaycas tomaron Morelos. Así que Carrillo Olea fue destituido como gobernador del estado al ponerse al descubierto nexos entre los secuestradores y la Policía Judicial del estado. El ex jefe de ésta, Jesús Miyazawa, purga una condena por los delitos de privación ilegal de la libertad y homicidio. Miyazawa tenía antecedentes oscuros, pues fue muy cercano a Arturo *El Negro* Durazo Moreno, otro representante de la ley acusado de diversos delitos.

Hacia el año 2008, la Policía Federal y el Ejército mexicano contaban con información que indicaba que el líder de los Beltrán Leyva se había mudado del Distrito Federal a la ciudad de Cuernavaca y que tenía diferentes casas de seguridad en tierras morelenses. Así pues, el conflicto entre el denominado Cártel del Pacífico Sur y el Cártel de Sinaloa se extendió hasta Morelos, convertido ahora en otro de los escenarios de ejecuciones y "levantones"; prácticamente todos los días aparecían cuerpos: torturados, maniatados o con el tiro de gracia, la mayoría con mensajes firmados por *El Jefe de Jefes*, Arturo Beltrán Leyva, que ahí había establecido su centro de operaciones.

El 7 de mayo de 2008, la Policía Federal detectó sobre la Autopista del Sol —la México-Acapulco—, a la altura del poblado de Puente de Ixtla, un convoy de vehículos en los que viajaban hombres armandos. Se inició la persecución y hubo diversos enfrentamientos en los municipios de Alpuyeca, Jojutla, Tehuixtla y Xochitepec. El comandante de la Policía Federal Carlos Alberto López Álvarez, de 29 años, que tripulaba la patrulla 10702, y el agente Alejandro González García murieron durante el operativo que, no obstante, permitió detener a nueve sicarios que habían obstruido la carretera con sus camionetas para combatir a los federales y cubrir la huida de uno de los vehículos. Más adelante, los presuntos delincuentes declararon que en esa otra camioneta viajaba su jefe Arturo Beltrán Leyva.

Justicia infiltrada

LA CAPTURA de aquellos sicarios en Morelos había estado a cargo del coordinador general de Seguridad Regional de la Policía Federal, Édgar Eusebio Millán Gómez.

La operación inició alrededor de las seis de la tarde y culminó pasada la media noche. Luego, Millán se dirigió con sus escoltas a la Ciudad de México, pues debía presentarse a las cinco de la mañana en las oficinas de la Secretaría de Seguridad Pública federal para participar una conferencia de prensa que anunciaría la captura de los nueve sujetos del Cártel de los Beltrán Leyva.

Era de madrugada, las 2:30 horas, cuando Millán Gómez llegó con tranquilidad a la casa que había sido de sus padres en la colonia Guerrero de la Ciudad de México. Se trataba de un modesto departamento ubicado en el 132 de la calle Camelia. Nunca imaginó que ahí, donde vivió gran parte de su infancia, la muerte lo acechaba. Cruzó el portón como de costumbre mientras sus escoltas permanecieron afuera, en una camioneta.

De pronto se oyeron varios disparos.

Todo fue confusión y desesperación. Los escoltas intentaron abrir por la fuerza el portón metálico de más de dos metros de altura, que estaba cerrado con llave. Cuando por fin lograron entrar, hallaron a su jefe tirado en el piso de la sala. Había recibido 11 disparos. Frente al cuerpo aún estaba su agresor, que quiso escapar pero fue detenido. Su nombre: Alejandro Ramírez Báez. Declaró que lo habían contratado para realizar "el trabajo" y que no sabía quién era la víctima; sólo le habían proporcionado el domicilio y las llaves para ingresar.

¿Cómo supo el asesino que Millán estaría ahí esa noche? ¿Cómo obtuvo las llaves?

Dos años después, cuando lo aprehendieron, *La Barbie* afirmó que Sergio Villarreal Barragán, *El Grande*, fue el encargado de planear y ejecutar el homicidio de Édgar Millán Gómez, así como los de Omar Ramírez Aguilar y Roberto Velasco Bravo, agentes antidrogas que habían dado fuertes golpes a la organización del Pacífico. Los hermanos Beltrán Leyva habían desarrollado una gran habilidad para infiltrar instituciones de procuración de justicia y corporaciones policiacas, integrando una red de informantes que finalmente fue descubierta.

El 27 de octubre de 2008, el entonces procurador general de la República, Eduardo Medina Mora, reconoció en una conferencia de prensa que, al menos desde 2004, el Cártel de Sinaloa (a través de los Beltrán Leyva) se había infiltrado en la Subprocuraduría de Investigación Especializada en Delincuencia Organizada (SIEDO). Con ese preámbulo, anunció la "Operación Limpieza", la cual fue resultado de que a los medios de comunicación se había colado información de una investigación que llevaban a cabo las autoridades estadounidenses. Se descubrió que la embajada de Estados Unidos en México había contratado, sin saberlo, a una persona que trabajaba para los Beltrán Leyva, un ex elemento de la PGR que estuvo adscrito a la Interpol.

El sujeto en cuestión se llamaba José Alberto Pérez Guerrero y se acogió al programa de testigos protegidos con el nombre clave de "Felipe". En sus declaraciones dio pormenores de cómo se les entregaba dinero a los funcionarios de la PGR a cambio de avisos sobre los operativos contra el Cártel de Sinaloa. Entre los servidores públicos involucrados se encontraba Fernando Rivera Hernández, ex director general adjunto de Inteligencia en la Coordinación Técnica de la SIEDO. Era el enlace entre las áreas de inteligencia de la Secretaría de la Defensa Nacional y la SIEDO; se le acusó de revelar información sobre operativos de la PGR y del Ejército.

Otros involucrados fueron: Miguel Ángel Colorado González, *El Viejito del Cielo*, coordinador técnico, a quien además lo buscaba la justicia estadounidense; su tarea dentro del cártel era poner a los funcionarios al servicio de los delincuentes en las plazas que le ordenaban los Beltrán Leyva para su protección.

A los funcionarios de la PGR Alberto Zavala, Antonio Mejía, Luis Manuel Aguilar, Roberto García García y Milton Cilia Pérez se les señaló como los encargados de recoger el dinero que enviaba el Cártel del Pacífico-Sinaloa a los altos mandos de la SIEDO, además de que fungían como choferes y escoltas de algunos de los capos de esta organización y se les enviaba a cualquiera de los estados donde operaba este grupo.

El funcionario de más alto nivel involucrado fue Noé Ramírez Mandujano, titular de la SIEDO de la PGR. En un extraño movimiento, el entonces procurador general de la República, Eduardo Medina Mora, había comunicado el 4 de octubre la remoción del zar antidrogas Ramírez Mandujano y el nombramiento en su lugar de Marisela Morales. Medina Mora aseveraría que Ramírez Mandujano se había reunido con miembros del Cártel de Sinaloa y que recibió 450 mil dólares a cambio de proporcionar información de investigaciones y acciones que se realizaran en contra de dicha organización; además, habían acordado que mensualmente se le entregaría esa cantidad.

Tiempo después se dio a conocer que, mientras los otros implicados en la "Operación Limpieza" permanecían bajo arraigo, Medina Mora encomendó al ex titular de la SIEDO representar a México en Viena ante la Oficina de Naciones Unidas contra la Droga y el Delito, a pesar de que en ese momento ya lo investigaban en México y Estados Unidos.

De acuerdo con el expediente de la "Operación Limpieza", tras la captura de Alfredo Beltrán Leyva, *El Mochomo*, en Culiacán, los líderes de este grupo se enojaron con sus "amigos de la SIEDO" porque no les avisaron del operativo para detener al capo. *El Mochomo* fue trasladado a la Ciudad de México y entregado a la PGR, en las instalaciones de la SIEDO, para rendir su declaración. La reacción de Arturo Beltrán Leyva, Édgar Valdez Villarreal y Sergio Villarreal Barragán no se hizo esperar: exigieron a sus cómplices en la SIEDO una explicación sobre lo sucedido.

Fernando Rivera Hernández, entonces director adjunto del área de Inteligencia, argumentó que el Ejército mexicano había actuado solo, sin informar de la operación para detener a *El Mochomo*. Pero le ofreció a *La Barbie* —según reveló el testigo "Felipe"— tomar por asalto las instalaciones de la SIEDO en la Ciudad de México a fin de liberar a *El Mochomo*. Facilitó un croquis de las instalaciones de la PGR e indicó que la hora ideal para el ataque era después de las 11 de la noche de ese 21 de enero de 2008, porque no estaría el personal de las fuerzas especiales del Ejército que lo detuvieron y que sólo 11 personas se encontrarían vigilando; la entrega de un millón de pesos a cada elemento ayudaría al rescate. "Felipe" refirió que Rivera Hernández recibiría tres millones de dólares para neutralizar la seguridad y permitir que una camioneta blindada rompiera la reja de acceso vehicular en la parte posterior de las instalaciones de la SIEDO.

Pero la liberación ya no se llevó a cabo. Según "Felipe", *La Barbie* no enteró a Arturo Beltrán Leyva de aquella posibilidad de rescate y el dinero nunca fue entregado. En la madrugada del 23 de enero de 2008, bajo un fuerte dispositivo de seguridad, Alfredo Beltrán Leyva fue enviado al Centro Federal de Readaptación Social número 2, un penal de máxima seguridad ubicado en Puente Grande, Jalisco.

Por su parte, el 21 de noviembre de 2008 el procurador Medina Mora pidió a Noé Ramírez Mandujano regresar a México. En cuanto llegó lo detuvieron. Ramírez Mandujano era el funcionario de mayor rango en la lucha contra las drogas que había sido aprehendido por vínculos con la delincuencia organizada desde la captura del general Jesús Gutiérrez Rebollo, quien había sido comisionado del Instituto Nacional para el Combate a las Drogas de la PGR y en 1997 fue arrestado por sus nexos con el Cártel de Juárez, en particular con Amado Carrillo Fuentes.

'No calentarás la plaza'

AL TIEMPO que Arturo Beltrán Leyva buscaba protección a nivel federal, no desatendía el blindaje de su nuevo santuario en Morelos. Ahí es donde entraban los hermanos Pineda Villa: Alberto, conocido como *El Borrado*, y Mario, *El MP*, cuya labor consistía en cooptar a las policías municipales, estatales y ministeriales, así como pagar las nóminas cada semana. Y cumplían su cometido muy eficientemente, porque el estado de Morelos ya se hallaba bajo el mando de Arturo Beltrán Leyva. Por algo eran de sus hombres más cercanos.

El MP estaba a cargo de las plazas de Morelos y Guerrero, donde fue el responsable de iniciar una serie de ejecuciones de integrantes del Cártel de Sinaloa. La misión de *El Borrado* era infiltrarse en la SIEDO y corromper a funcionarios de todos los niveles, según consigna el expediente de la "Operación Limpieza", y era quien enviaba los pagos de 150 a 450 mil dólares mensuales a cambio de protección e información sobre investigaciones y operativos que afectaran al grupo de los Beltrán Leyva.

Durante su testimonio, *La Barbie* confirmó que los hermanos Pineda Villa eran dos de los hombres de mayor confianza de Arturo Beltrán Leyva. Aparte de las tareas mencionadas, se ocupaban de recibir en las costas de Guerrero las lanchas rápidas que provenían de Centroamérica con droga de Colombia.

A los Pineda Villa también se les adjudicó el asesinato del entonces subprocurador contra la Delincuencia Organizada de Morelos, Andrés Dimitriades Juárez, ocurrido el 23 de octubre de 2008. Esa noche, tres vehículos esperaban su salida de la procuraduría para cometer el crimen. Estaban listos por lo menos 12 sicarios; cada uno portaba un arma larga. El jefe del grupo era un agente de la Policía Metropolitana, Esteban Royaceli, *El Royal.* Desde el interior de la procuraduría alguien les avisaría cuando saliera Dimitriades Juárez, lo que ocurrió como a las diez de la noche. El funcionario iba en un automóvil blanco, acompañado de dos escoltas. Los sicarios siguieron al vehículo por la avenida Zapata de Cuernavaca. Al darse cuenta de ello, el personal de seguridad del subprocurador decidió acelerar y tomar la carretera México-Cuernavaca con dirección a Acapulco. En eso los gatilleros comenzaron a dispararles, hirieron al chofer y el auto se estrelló contra una barda. Entonces sus ocupantes recibieron varias descargas de "cuernos de chivo" hasta que perdieron la vida.

Los sicarios que participaron en esta ejecución, según la averiguación previa PGR/SIEDO/UEIDCS/166/2009, eran policías municipales de Cuernavaca bajo las órdenes de Mario Pineda Villa. El asesinato de Dimitriades demostraba la fuerza e impunidad del narcotráfico en el estado, y después se reveló que el entonces secretario de Seguridad

Pública de Morelos, Luis Ángel Cabeza de Vaca, hoy preso en un penal federal, fue señalado por no haber intentado al menos la captura de los asesinos. En el número telefónico de emergencias 066 se habían recibido más de ocho llamadas que reportaron la balacera.

Sin embargo, la noche del 5 de mayo de 2009 los tiempos de complicidad e impunidad comenzarían a cambiar para este grupo criminal. La Policía Federal había identificado una residencia en la ciudad de Cuernavaca, a menos de cien metros de la casa de gobierno del estado, que era propiedad de la familia Pineda Villa. Esa noche se celebraba una fiesta allí.

En el cielo aparecieron dos helicópteros que iluminaron la fachada y el interior de la propiedad. Para ese momento varias unidades de vehículos blindados ya estaban frente al portón y alrededor de la casa. Los federales tenían datos de que los hermanos Alberto y Mario —*El Borrado* y *El MP*— se encontraban en el interior, pero cuando ingresaron los capos no estaban. Habían logrado escapar. Sólo fueron detenidos sus padres y otros familiares. En el lugar fueron asegurados armas, vehículos y, lo más valioso, documentos con nóminas de pago del narco a funcionarios locales. Se obtuvieron pistas sobre *El MP* y *El Borrado,* quienes además del trasiego de drogas practicaban el secuestro y la extorsión de comerciantes y empresarios de la entidad. Con estas acciones habían firmado su sentencia de muerte: a Arturo Beltrán Leyva no le gustaba que le "calentaran la plaza".

Meses después, en la madrugada del 11 de septiembre de 2009, la policía recibió el reporte de que un vehículo estaba en llamas en un crucero conocido como Amacuya, sobre la carretera México-Oaxaca. Rápidamente acudieron agentes municipales, federales y bomberos. Cuando sofocaron el fuego las llamas, se llevaron una gran sorpresa: en el interior del vehículo había cuatro cuerpos, uno de los cuales correspondía a Alberto Pineda Villa, *El Borrado*, por cuya captura la PGR ofrecía una recompensa de hasta 15 millones de pesos. No habían transcurrido ni 24 horas cuando las autoridades hicieron otro descubrimiento… En la carretera México-Cuernavaca, a la altura del municipio de Huitzilac, sobre un canal de aguas pluviales se hallaba el cuerpo de Mario Pineda Villa, *El MP*, por quien la PGR también ofrecía una millonaria recompensa.

Liquidados los Pineda Villa, como operador absoluto en el estado de Morelos para el Cártel de los Beltrán Leyva quedó nada menos que Édgar Valdez Villarreal, *La Barbie*. En esa nueva etapa, Arturo Beltrán ordenó realizar una limpia en el estado de Morelos, de manera que los delincuentes comunes no afectaran la estabilidad de sus operaciones; todo aquel que se dedicara al robo, el secuestro y las extorsiones sería aniquilado. Para refrendar su autoridad, en los cadáveres dejó mensajes con su firma: *El Jefe de Jefes*.

Jesús Basilio Araujo, alias *El Pollo*, de 36 años, oriundo del estado de Guerrero, fue el sucesor de *El Borrado*,

Antonio Pineda. *El Pollo* era presunto responsable de más de cien ejecuciones realizadas en los estados de Guerrero y Morelos, en cuyos cuerpos les colocaban mensajes firmados por *El Jefe de Jefes*. También se encargaba del trasiego de droga del estado de Guerrero a Tamaulipas, la cual era transportada en el interior de pipas. Fue detenido el 18 de diciembre de 2009 por la Policía Federal en Jiutepec, Morelos.

IV. La caída de *El Jefe de Jefes*

El 11 de diciembre de 2009, Édgar Valdez Villarreal organizó una posada en una de sus casas de seguridad en Cuernavaca, ubicada rumbo a la salida a Tepoztlán. Había planeado que la fiesta durara varios días. Su intención era agasajar a *El Jefe de Jefes*, Arturo Beltrán Leyva, y a su círculo cercano. No escatimó recursos; habría músicos de renombre y mujeres hermosas. Según fuentes federales, para amenizar la fiesta habían llevado a 20 bailarinas de un reconocido *table dance* de Acapulco.

Arturo Beltrán Leyva había arribado desde la tarde del 10 de diciembre, indican los testimonios asentados en la averiguación previa PGR/SIEDO/UEITA/168/2009. Iba acompañado de su equipo de seguridad, vestía un traje en color ladrillo con camisa clara y corbata roja; sobresalía en su pecho un crucifijo de oro de diez centímetros de largo, y en su cintura, su pistola escuadra con cachas de oro. Édgar Valdez Villarreal y Sergio Villarreal Barragán lo recibieron en la entrada y lo condujeron a la sala principal, donde habían colocado un enorme sofá para que su jefe se pusiera cómodo.

Lo primero que *El Jefe de Jefes* hizo fue saludar con un beso en la mejilla a cada una de las mujeres que ya lo esperaban para iniciar la fiesta; se comportó muy cortés, contó Lizeth Lobato, una de las acapulqueñas contratadas, aunque, agregó, poco a poco se le terminó la caballerosidad y comenzó a manosearlas. Les ordenó bailar y quitarse la ropa; algunas quedaron sólo en pantaletas y sostén, otras sí se desnudaron completamente, pues el pago por prenda era de 20 a 100 dólares. Hay testigos que aseguran que *El Grande* le acercó a Arturo Beltrán Leyva una buena cantidad de billetes verdes para regalárselos a las mujeres desnudas; luego los lanzó al aire para que las chicas los agarraran. Para ese momento, refirió otra de las "invitadas", Priscila Reynada, Ramón Ayala y su grupo los Bravos del Norte estaban tocando una melodía que al parecer era de las favoritas de *El Jefe de Jefes*.

Todo iba a pedir de boca, hasta que infantes de la Secretaría de Marina les echaron a perder el convite. Alrededor de 50 efectivos llegaron hasta el fraccionamiento conocido como Los Limoneros. Se desató un combate que, a decir de algunos vecinos, duró más de dos horas. Incluso estallaron granadas de fragmentación. El saldo del fallido operativo para capturar a Arturo Beltrán Leyva fue de cuatro personas muertas —informó la Secretaría de Marina—: tres supuestos sicarios y una civil, una mujer que recibió más de 160 impactos de bala. La víctima fue identificada como Patricia Terroba de Pintado, esposa del arquitecto Gerardo Pintado, pariente a su vez del ex candidato presidencial Roberto Madrazo Pintado; el matrimonio tenía su residencia frente a la casa donde se celebraba la fiesta.

De esa muerte poco se dijo; las autoridades se reservaron mucha de la información. No fue sino hasta que la familia presentó una queja ante la Comisión Nacional de Derechos Humanos cuando se revelaron ciertos detalles de su muerte; por ejemplo, que cuando se inició el tiroteo la señora Terroba quedó atrapada en el fuego cruzado a bordo de su camioneta y que aun herida bajó a pedir ayuda; su esposo alcanzó a verla y trató de auxiliarla, pero el personal de la Marina se lo impidió. Transcurrieron al menos un par de horas para que el señor Gerardo Pintado pudiera acercarse a su esposa, que ya había fallecido. Su cuerpo, como se mencionó antes, presentaba decenas de impactos de bala. Lo único que las autoridades del estado de Morelos declararon fue que resultaba muy difícil dilucidar qué bala le había quitado la vida, si una de los gatilleros de los Beltrán Leyva o una de los marinos.

La operación arrojó 40 detenidos, de los cuales algunos llamaron fuertemente la atención pública porque se trataba del cantante y compositor Ramón Ayala y sus Bravos del Norte, así como de Los Cadetes de Linares y el grupo Torrente, que habían sido contratados para amenizar la reunión. Todos fueron trasladados a las instalaciones de la SIEDO en la Ciudad de México. Al final, sólo 11 de los detenidos fueron consignados a un penal; Ramón Ayala y Los Cadetes de Linares quedaron en libertad. Sobre la participación de los músicos en la "narcoposada", Édgar Valdez Villarreal simplemente comentó más adelante que era normal que para sus fiestas contrataran a grupos norteños famosos.

Ese día, tanto *El Jefe de Jefes* como *La Barbie* lograron escapar.

El fin de *El Barbas* o *El Jefe de Jefes*

EN REALIDAD, pese a que no concretaron la captura de Arturo Beltrán Leyva, la intervención de los marinos en aquella "narcoposada" de la tarde del 11 de diciembre de 2009 no fue del todo infructuosa, ya que sí arrestaron a integrantes del cártel. Ello posibilitó a las autoridades obtener información muy valiosa y continuar con las pesquisas para dar con los líderes. Así, cinco días después, el 16 de diciembre, localizaron a *El Jefe de Jefes* en otro punto de Cuernavaca.

Al principio de aquella nueva jornada hubo confusión. En la redacción del medio donde trabajo recibimos llamadas de habitantes de Cuernavaca que decían que algo grave debía estar sucediendo, porque muchos militares armados corrían de un lado a otro en los alrededores de un exclusivo fraccionamiento y se oían disparos y explosiones. Pronto nos enteramos de la magnitud del acontecimiento.

La escena tenía lugar en el conjunto residencial de apartamentos Altitude, en el fraccionamiento Punta Vista Hermosa, donde los marinos habían acorralado al líder de los Beltrán Leyva. Eso estaba confirmado. No obstante, la noticia que siguió, pasadas las nueve de la noche, fue aún más impactante: *El Jefe de Jefes* no había sido aprehendido, sino que había muerto. Y con él, sus escoltas.

Lo primero que pensé fue que las cosas se pondrían muy difíciles en Morelos. La muerte de Arturo Beltrán Leyva iba a acarrear una ola de asesinatos y luchas por el poder. Después se me vino a la mente *La Barbie*. ¿Dónde estaba? Quizá el responsable de la seguridad de *El Barbas* se hallaba entre los sicarios abatidos. Pero no. El único "pez gordo" caído era el líder del cártel. *La Barbie* tampoco estaba entre los detenidos —un hombre y dos mujeres—.

Esa noche sería muy larga. Desde la caseta de cobro de la autopista a Cuernavaca, en la salida de la Ciudad de México, ya se veía el intenso ir y venir de los vehículos de la Marina y sus elementos fuertemente armados, así como de las unidades de la Policía Federal. En la capital de Morelos se montaron retenes para llevar a cabo revisiones muy rigurosas o, de plano, impedir el acceso a la zona del enfrentamiento.

Todas las miradas estaban puestas en uno de los edificios del conjunto Altitude donde, en medio de las entradas de los departamentos 201 y 202, se hallaba el cuerpo de quien fue el jefe del Cártel de los Beltrán Leyva. Seis de sus escoltas quedaron esparcidos entre charcos de sangre y escombros. La escena era terrible. El lujoso departamento de *El Jefe de Jefes* estaba destruido por completo a causa del embate de las armas de alto poder y las granadas. Los proyectiles literalmente habían atravesado los muros. En la sala quedaron los cuerpos de dos de los escoltas, uno casi encima del otro, y a su lado las armas con las que combatieron a los infantes de Marina.

Las fotografías del cuerpo del capo eran sobrecogedoras, pues quedó convertido en una masa sanguinolenta. Además, hubo imágenes en las que se veía a personas que tenían cubierto el rostro, colocándole encima sus pertenencias, limpiando de sangre los billetes y otras acciones. Mi equipo de trabajo y yo decidimos no difundirlas. Sin embargo, antes de realizar el levantamiento de los cuerpos, personal del Servicio Médico Forense les tomó fotografías que más tarde sí se hicieron públicas. Ello causó indignación en la gente de Arturo Beltrán Leyva, y posteriormente aparecieron mantas y cartulinas con amenazas para el personal de la Procuraduría de Justicia de Morelos y el SEMEFO.

Las amenazas de muerte también alcanzaron a los marinos que participaron en la operación de aquel 16 de diciembre. Durante el enfrentamiento murió Melquisedet Angulo Córdova, tercer maestre del cuerpo general de Fuerzas Especiales de la Armada, y otros dos infantes resultaron heridos. La Secretaría de Marina rindió un homenaje de cuerpo presente al oficial Angulo Córdova, originario del estado de Tabasco. Sus familiares lo acompañaron en ese último acto en la ciudad de Villahermosa, donde fue despedido como héroe; al final recibieron una bandera de México en señal de respeto y honor.

Pero horas después, ya en la madrugada del 22 de diciembre, un comando armado irrumpió en la casa de la familia del maestre Angulo Córdova, situada en la ranchería Quintín Arauz. Los sicarios asesinaron a la señora Irma Córdova Pérez, madre del oficial; a sus hermanos Benito y Yolidabey, y a su tía Josefa Angulo Flores. Fue una venganza por la vejación de los restos mortales de *El Jefe de Jefes*. A partir de entonces la política de comunicación social de la Marina cambió: dejaron de hacer públicas las imágenes de los deudos de marinos muertos en combate. Otras dependencias federales de seguridad resolvieron cerrar las ceremonias luctuosas a los medios y omitir identidades de los caídos en sus boletines.

WikiLeaks desmiente a la Marina

LA SECRETARÍA de Marina de México dio a conocer la muerte del capo en el comunicado de prensa 325/2009 del 16 de diciembre de 2009:

> Luego de un intenso enfrentamiento entre presuntos delincuentes de la organización delictiva del Cártel de los Beltrán Leyva y Personal de Infantería de Marina de la Armada de México, esta noche resultó muerto Arturo Beltrán Leyva, líder del Cártel de Sinaloa.

> Esta operación se llevó a cabo luego de una intensa labor de inteligencia realizada por personal de la Armada de México, que culminó con un enfrentamiento en el fraccionamiento "Altitudes" en la ciudad de Cuernavaca, Morelos.

Durante la conferencia en la que se dio el anuncio oficial fueron presentadas dos mujeres que se encontraban con Arturo Beltrán Leyva en el departamento, así como un hombre cuya identidad no se reveló debido a que, según la versión del contraalmirante Vergara, vocero de la secretaría, por su estado de salud "no podía hablar".

Sin embargo, el 2 de diciembre de 2010 dicho comunicado fue desmentido por WikiLeaks, que negó que el trabajo de inteligencia lo hubiera realizado la Secretaría de Marina (Semar), ya que en realidad fueron funcionarios estadounidenses quienes le proporcionaron la información. La comunicación de WikiLeaks, identificada con el número 240473, "Operativo de la Marina Mexicana 'caza' al capo Arturo Beltrán Leyva", aclara que la operación para capturar al narcotraficante comenzó una semana antes de su muerte, cuando la embajada de Estados Unidos envió a la Semar detalles sobre la localización de Beltrán Leyva en un condominio residencial de la ciudad de Cuernavaca.

El embajador Carlos Pascual aseguró en un texto del 17 de diciembre de 2009, un día después de la muerte del capo, que el gobierno de Estados Unidos reveló originalmente esos datos al Ejército mexicano, "cuya negativa a actuar con rapidez le impidió apuntarse una gran victoria en la lucha contra el narcotráfico en México". Los elogios de Pascual a la Armada de México se aprecian en todo el parte que dio al gobierno de Barack Obama sobre la caída del peligroso capo. Agrega que la unidad que encabezó el operativo recibió entrenamiento 'extensivo' durante los últimos años por parte del Comando del Norte de Estados Unidos:

> SECRET SECTION 01 OF 03 MEXICO 003573
>
> SENSITIVE
>
> SIPDIS
>
> E.O. 12958: DECL: 07/24/2019
>
> TAGS: PREL, PGOV, PINR, MX
>
> ASUNTO: OPERACIÓN DE LA ARMADA DE MEXICO ATRAPA AL JEFE DEL CÁRTEL ARTURO BELTRÁN LEYVA
>
> REF: MONTERREY 000453
>
> Clasificado por: Political Minister Counselor Gustavo Delgado.
>
> Resumen. Las fuerzas de la Armada de México, actuando con información de los Estados Unidos, informaron que Arturo Beltrán Leyva murió en una operación el 16 de diciembre, siendo el derrocamiento de la figura de más alto nivel de algún cártel bajo la administración de Calderón. La operación es una clara victoria para el Gobierno de México y un ejemplo de la excelente cooperación del Gobierno de Estados Unidos con el Gobierno de México. La unidad que llevó a cabo la operación tuvo amplia capacitación por los Estados Unidos. La muerte de Arturo Beltrán

Leyva no resolverá el problema de las drogas en México, pero es de esperar que genere un momentum necesario para lograr avances sustantivos contra otras organizaciones del tráfico de drogas.

La Operación. Fuentes de la Armada de México (SEMAR) revelan que, la noche del 17 de diciembre, las fuerzas de SEMAR mataron a Arturo Beltrán Leyva (ABL), jefe de la organización de los Beltrán Leyva, durante un tiroteo en Cuernavaca (aproximadamente 50 millas al sur de la Ciudad de México) esa misma tarde. Al menos otros tres integrantes del cártel fueron asesinados durante la incursión, mientras que un cuarto se suicidó. Aunque aún no ha sido confirmado, los funcionarios de la Embajada creen que este último es el hermano de ABL, Héctor, lo que significaría que todos los hermanos Beltrán Leyva están muertos o en prisión. Arturo Beltrán Leyva tiene una larga historia de participación en el comercio de la droga en México y trabajó con Joaquín "El Chapo" Guzmán y su Cártel de Sinaloa, antes de su separación en 2008. La rivalidad entre las organizaciones de Sinaloa y Beltrán Leyva ha sido un factor clave que ha llevado a los crecientes niveles de violencia relacionada con las drogas en los últimos años. Nacido en Sinaloa, ABL ha sido clave para la importación y distribución de cocaína y heroína en los Estados Unidos y también tiene una amplia capacidad para el blanqueo de capital, redes de corrupción y contactos internacionales en Colombia y los Estados Unidos.

Los agentes de policía de la Embajada dicen que la operación de detención dirigida a ABL comenzó aproximadamente una semana antes de su muerte, cuando la Embajada transmitió información detallada sobre su ubicación a la SEMAR. La unidad de la SEMAR ha sido entrenada extensivamente por NORTHCOM durante los últimos años. SEMAR irrumpió en una localidad identificada, donde mataron a varios guardaespaldas de ABL y arrestaron a más de 23 asociados, mientras que ABL y Héctor escaparon. El lunes, las agencias de inteligencia de la Embajada vincularon a ABL con un edificio de apartamentos ubicado en Cuernavaca (alrededor de una hora al sur de la Ciudad de México), donde ABL se escondía. SEMAR inició una operación de arresto el miércoles por la tarde, rodeando el complejo de apartamentos identificado y estableciendo un perímetro de seguridad. Fuerzas de ABL dispararon contra elementos de la SEMAR y se engarzaron en un combate sostenido que hirió a tres infantes de Marina de la SEMAR y que posiblemente mató a uno. Las fuerzas de la SEMAR evacuaron a los residentes del complejo de apartamentos hacia el gimnasio del mismo, de acuerdo con versiones de la prensa, y hasta el momento no se ha reportado ninguna baja de civiles.

Agencias mexicanas

La exitosa operación contra ABL sigue de cerca a un agresivo esfuerzo de la SEMAR en Monterrey contra las fuerzas de los Zetas (referencia a) y pone en evidencia su papel emergente como actor clave en la lucha antinarcóticos. La SEMAR está bien entrenada, bien equipada y ha demostrado ser capaz de responder rápidamente a información de inteligencia. Su éxito pone al Ejército (SEDENA) en una posición difícil para explicar por qué ha estado renuente a actuar sobre buena información de inteligencia y llevar a cabo operativos contra objetivos de alto nivel. Las agencias de inteligencia de Estados Unidos originalmente proporcionaron la información a la SEDENA, cuya negativa a actuar con prontitud refleja una aversión al riesgo que le costó a la institución una victoria mayor en la lucha antinarcóticos. La SEDENA proporcionó apoyo a la SEMAR durante el tiroteo contra las fuerzas de ABL, pero puede tomar poco crédito por la operación.

Comentario

La operación contra Arturo Beltrán Leyva es una clara victoria para el Gobierno de México y un ejemplo de la excelente cooperación del Gobierno de Estados Unidos-Gobierno de México. Una colaboración impecable por parte de las agencias de inteligencia de la Embajada combinada con una SEMAR lista, dispuesta y capaz produjo uno de los mayores éxitos hasta la fecha en la lucha antinarcóticos. La muerte de ABL dará un impulso importante a Calderón y es de esperar que cultivará una mayor confianza dentro de los organismos de seguridad mexicanos que alienten a tomar mayor ventaja de oportunidades similares. La victoria de la SEMAR en particular puede fomentar en la SEDENA el ser más proactiva y ser menos reacios al riesgo en futuras operaciones. [...] PASCUAL [Carlos Pascual, embajador de Estados Unidos en México]

Ni el embajador Carlos Pascual ni la Secretaría de Marina de México refutaron la información revelada por WikiLeaks. Es posible que este incidente diera origen al distanciamiento del embajador estadounidense con las autoridades federales mexicanas, distanciamiento que acabaría provocando la salida de aquél ante el enojo del presidente Felipe Calderón, quien lo hizo patente ante el presidente de Estados Unidos, Barack Obama, en una visita oficial a la Casa Blanca. Calderón dejó en claro que la confianza en Pascual se había perdido.

En el comunicado citado arriba, el embajador estadounidense, después de consultar algunas fuentes de su país, suponía que el sujeto que se lanzó desde el departamento donde se refugiaba Arturo Beltrán Leyva era su hermano Héctor, conocido como *El H*, versión errónea, ya que éste no se encontraba allí el día del enfrentamiento. Actualmente, *El H* es el líder de la organización del Cártel del Pacífico Sur y el último de los hermanos involucrados en el narcotráfico que continúa libre.

Sangrienta guerra de mantas

ÉDGAR Valdez Villarreal había alcanzado tal grado de notoriedad que cada día aumentaba la presión para capturarlo. Además, la muerte de Arturo Beltrán Leyva había acarreado graves consecuencias para él. No sólo perdió el poder que le daba su cercanía con uno de los narcotraficantes más influyentes, sino que ahora su hermano Héctor lo acusaba de traición. *La Barbie* explicó que había dejado de frecuentar a *El Jefe de Jefes* antes de su muerte porque sabía que quería asesinarlo: "Porque yo sé que me quería matar cuando andaba malo, cuando andaba drogado me quería matar y cuando no me hablaba bien". Reveló que el día del operativo en el conjunto Altitude *El Jefe de Jefes* lo llamó por teléfono: "Todavía no entraban a su departamento, pero decía que estaba rodeado, que iban a pelear y que mandara uno gente, que mandara uno gente pero..."

Pero no hizo nada.

Tras la muerte de *El Barbas*, había que definir quién tomaría su lugar. Los candidatos eran Héctor Beltrán Leyva, *El H*, y *La Barbie*. No obstante, en estas circunstancias, el enfrentamiento fue inevitable. *La Barbie* decidió independizarse y formó una alianza con su compadre Gerardo Álvarez Vázquez, *El Indio*, para pelear el control de Guerrero y defender su presencia en el Distrito Federal y en los estados de México, Morelos, Nuevo León, Tamaulipas y Quintana Roo. Pero *El Indio* fue detenido el 21 abril de 2010 en un operativo de la Sedena en Bosques de la Herradura, Estado de México, por lo que *La Barbie* se quedó solo en la guerra contra *El H* y *El Grande*.

Por su parte, Héctor Beltrán Leyva, convencido de que *La Barbie* había traicionado a su hermano Arturo, se puso a la cabeza de su propia organización y nombró lugarteniente a Sergio Villarreal Barragán, *El Grande*. Las dos nuevas organizaciones se enfrascaron en intesos ataques para disputar los territorios que pertenecían a *El Jefe de Jefes*.

José Francisco Barreto García, *El Contador*, que fue mano derecha de José Jorge Balderas Garza, *El JJ*, amigo y protegido de *La Barbie*, describe cómo se vivió este nuevo episodio de la guerra entre organizaciones criminales: "Cuando sucede eso, de hecho él [*El JJ*] me mandó llamar el miércoles [...]: 'Hay que estar alertas, hay una guerra, va a haber una guerra, ahorita van a querer el control, no sé que va pasar' [...] Él decía así [...], 'vamos a ver si mi apá [*La Barbie*] es el que se queda controlando todo, él y *El Inge* [*El Indio*] van a ser los que ahora van a estar de este lado de los que estamos con él, [...] los que van a quedarse con el control, a ver quién es el que les va a pelear el control'. [...] Ya después supimos que el que iba a pelear el control era Héctor Beltrán".

Ambas organizaciones, *La Barbie* y *El Indio* por un lado y *El H* y *El Grande* por el otro, arremetieron entre sí echando mano de una estrategia despiadada: colocar en edificios públicos y en calles mantas con mensajes intimidatorios y abandonar cadáveres de uno y otro bandos con su respectivos letreros. Ello ocurrió principalmente en el estado de Morelos.

El recurso de las mantas fue confirmado por Mauro González Escorcia, *Coyote*, integrante del grupo criminal de *La Barbie* que la Policía Federal detuvo el 3 de septiembre de 2010 en Morelos. Durante cinco años se dedicó al tráfico de drogas; era el encargado del trasiego en los municipios morelenses de Zacatepec, Jojutla, Tlalquitenango, Tlaltizapan, Puente de Ixtla y Amacuzac. En sus inicios trabajaba con Antonio Román, subordinado de *El MP*, jefe de la plaza en la época de Arturo Beltrán Leyva. Declaró que, tras la muerte de éste, "se pelearon entre las gentes de arriba y ya se empezaban a 'poner', [...] agarraban a alguna gente y ya le ponían: 'Éste es de tu gente', le ponían, por decir, los del CPS [Cártel del Pacífico Sur]: 'Aquí está tu gente y aquí está esto'. Allá lo que sí me llegó a tocar ver [fue] cuando mataron nada más a uno, o matamos a uno, que le decían *El Pinocho*..."

El derramamiento de sangre no tenía fin en Cuernavaca. Alimentadas por la impunidad, la corrupción y la ambición por las ganancias del tráfico de drogas, las venganzas hicieron arder a la capital de Morelos durante 2010, mientras que los mensajes cruzados sembraron un terror generalizado. De finales de 2009 a agosto de 2010 se lanzaron 40 mensajes dirigidos a *La Barbie*. Al principio hubo algunos que le expresaban apoyo en la guerra que estaba iniciando. En la madrugada del 22 de diciembre de 2009, policías municipales de Cuernavaca acudieron a un llamado por un supuesto incendio y en un jardín de niños se toparon con una manta que advertía: "LA EMPRESA, ESO NO ES NI EL COMIENZO A LA GUERRA EN MORELOS. APARTE DE QUE LES ESTAMOS AYUDANDO A COMBATIR LA DELINCUENCIA EN MORELOS COMETIERON EL GRAVISIMO ERROR A METERSE CON LA EMPRESA. BARBIE TIENES TODO MI APOYO PARA EMPEZAR UNA GUERRA EN MORELOS YA QUE CUENTO CON GENTE SUFICIENTE AL MANDO PARA EMPEZAR UNA GUERRA... QUE QUEDE CLARO, LA MAFIA NUNCA SE VA A ACABAR. ARRIBA SINALOA. ATENTAMENTE, EL FLACO, EL CHIQUIS" [*sic*]. Y el 20 de enero de 2010, en un poste de la calle Francisco Villa, colonia Buenavista, Cuernavaca, se localizó otra manta: "LA GERRA STA X COMENSAR EN MORELOS, BARVI TIENES TODO MI APOYO. ATTE: MN 135. ARRIVA SINALOA" [*sic*].

Pero luego la mayoría se trató de insultos e intimidación hacia Valdez Villarreal, quien aseguró que las mantas con mensajes en su contra revelaban un objetivo claro de sus adversarios: "Para que la gente piense que vamos, que voy perdiendo, [...] para [que] los que andan conmigo se asusten". Agregó que él mismo empezó a utilizarlas contra sus enemigos: "Para Héctor Beltrán y para *El Grande*, pues son los que me estaban a mí aventando".

La Barbie, empero, no se quedó de brazos cruzados y también aportó lo suyo firmando 21 mensajes en el mismo tenor, todos dirigidos a Héctor Beltrán Leyva, *El H*, y a su ex socio y ex amigo que él mismo llevó a trabajar en la organización, Sergio Villarreal, *El Grande*. Su contribución no fue menos atroz y violenta. Para muestra un botón: el 20 de febrero de 2010, a las ocho horas, en el tramo Xaltianguis-Acapulco (kilómetro 101 + 800) de la carretera México-Acapulco, se localizaron los cuerpos sin vida de Marcial Wulfrano Juárez Soto y otra persona de sexo masculino; presentaban impactos de arma de fuego, y estaban atados de pies y manos. En el lugar había una cartulina blanca que decía: "ESTO LES VA A PASAR A LOS QUE QUIERAN TRABAJAR CON HECTOR BELTRAN LEYVA Y SU MAYATE 'SERGIO VALLARREAL', ALIAS EL GRANDE Y A SUS PUTOS ROJOS, VENGAN A RECOGER SU PUTA BASURA, ATTE. LA BARBIE, SALUDOS DE SU PADRE EL JUDIO" [*sic*].

El contenido de esos mensajes dejados en cartulinas y mantas pasaron de las amenazas por narcotráfico a las acusaciones casi por cualquier crimen y delito que afectara a la población, como el secuestro, la extorsión y los robos. En la madrugada del 13 de julio de 2010 se encontraron los cuerpos de tres hombres colgados en dos puntos de la capital morelense. El primer hallazgo fue en un puente vehicular de la autopista México-Cuernavaca, a la altura de la plaza comercial Galerías, donde dos cuerpos pendían de una soga, maniatados y con el rostro envuelto con cinta adhesiva. El segundo hallazgo tuvo lugar sobre otro puente vehicular de la misma vialidad, en el entronque con la avenida Vicente Guerrero. Junto a los cuerpos se hallaron tres mensajes en los que se identificaba a las víctimas como José Santos, *El Michoacano*; Jaime Cruz Cuevas, *El Brujo*, y Héctor Díaz Peña, *El Gato*. En las tres mantas se leía el mismo mensaje, sólo diferente por el nombre de la víctima: "AQUI ESTA JOSE SANTOS 'EL MICHOACANO', ESTE ES UNO DE LOS QUE SE FUGARON DEL PENAL DE ATLACHOLOAYA, VAMOS POR LOS DEMAS. LAS AUTORIDADES NO PUEDEN, NOSOTROS SI, QUE QUEDE CLARO, TODOS LOS NARCOMENUDISTAS, RATEROS, EXTORSIONADORES Y SECUESTRADORES, ASI VAN A QUEDAR TODOS, AUNQUE LAS AUTORIDADES Y EL EJERCITO LOS APOYEN. P.D. BARBIE CONSIGUETE OTRO MAYATE, ESTE YA TE LO MATE, YA QUE LO EXTRAÑAS TANTO Y POR ESO LO SACASTE DEL PENAL, NO SE TE VA A QUITAR LO HOMOSEXUAL Y LO TRAIDOR. ATENTAMENTE C.P.S." [*sic*].

Pero la situación llegó a un nivel aún más alarmante cuando surgieron mensajes dirigidos a los ciudadanos, que desde luego no tenían nada que ver con el conflicto de las dos organizaciones ni podían tomar partido por ninguna de ellas, y que lo único que deseaban era recuperar la paz perdida, lo cual estaba lejos de ocurrir. Un mensaje en particular lo puso de manifiesto. Apareció en Cuernavaca a mediados de abril de 2010; en él se advertía a la gente que no saliera por las noches ni circulara en camionetas con vidrios polarizados a fin de no ser confundidos con narcotraficantes rivales: "CIUDADANIA DE MORELOS, COMO LO HEMOS VENIDO DICIENDO DURANTE TODO ESTE TIEMPO EL CARTEL DEL PACIFICO SUR ES UNA ORGANIZACION DEDICADA UNICAMENTE AL COMERCIO DE DROGAS, NOSOTROS NUNCA HARIAMOS DAÑOS A LAS FAMILIAS MORELENSES Y DE OTROS ESTADOS, EL SEÑOR DE LA RESISTENCIA NOS TIENE ESTRICTAMENTE PROHIBIDO HACER ESTO, JAMAS NOS METERIAMOS CON PERSONAS QUE LLEVAN SU VIDA NORMAL Y QUE TRABAJAN HONRADAMENTE PARA LLEVAR UN SUSTENTO A SU FAMILIA... LA AUTORIZACION HA LLEGADO POR PARTE DEL 'JEFE', LAS ORDENES SON CLARAS ELIMINAR A TODOS LOS MIEMBROS QUE TRABAJEN PARA 'EDGAR VALDEZ VILLARREAL' (LA BARBIE) QUE NOS TRAICIONO Y SE METIO CON EL PUEBLO Y A TODOS AQUELLOS QUE TENGAN NEXOS CON EL TENEMOS LA ORDEN DE LA 'RESISTENCIA' CPS, DE MATAR, DESCUARTIZAR, DECAPITAR UNO POR UNO. USTEDES SABEN LOS ULTIMOS HECHOS QUE SE HAN DADO PRINCIPALMENTE EN CUERNAVACA. NOSOTROS NO SECUESTRAMOS, NI HACEMOS NINGUN DAÑO A LA POBLACION QUE ANDAN BIEN, LES RECOMENDAMOS QUE NO SALGAN EN LA NOCHE A

ANTROS, BARES ETC YA QUE LOS PODEMOS CONFUNDIR Y VAN A VALER MADRES, SABEN QUE ES LO QUE ESTA PASANDO ASI QUE NO SE ARRIESGUEN A UN LEVANTON PORQUE DE AHI YA VALIERON... LAS ORDENES ESTAN DICHAS NO HAY PASO ATRAS, HIJOS DE PAPI ES MEJOR CABRONES QUE NO SE CREAN NARCOS CON PICKAPS Y TROCAS CON VIDRIOS POLARIZADOS PORQUE LOS CONFUNDIMOS ESTO VA A DURAR POCO POR EL 'JEFE DE JEFES' LA TRANQUILIDAD REGRESARA ASI COMO SIEMPRE LO QUISO EL" [*sic*].

Irónicamente, el mensaje no resultaba nada tranquilizador. Era como declarar un estado de excepción *de facto*, el colofón de una campaña de horror que acompañaba a las mantas y cartulinas, las cuales, la mayoría de las veces, aparecían junto a escenas que fueron evolucionando de lo terrible a lo grotesco e irracional: lugares destruidos, personas ejecutadas a tiros, cuerpos destripados, mutilados o decapitados, y cabezas solas.

V. El caso *JJ*-Cabañas

HACIA FINALES DE 2009, aunque *La Barbie* llevaba más de una década operando en México y su influencia iba en aumento, en general la opinión pública le había prestado poca atención. Sin embargo, la tarde en que —junto con Arturo Beltrán Leyva— logró escapar milagrosamente de la "narcoposada" en Los Limoneros fue un parteaguas en la percepción que la gente tenía de él. Aparte, su nombre cobró aún más relevancia cuando se supo que *El Jefe de Jefes* le había pedido ayuda antes de caer abatido en Cuernavaca y cuando emprendió la guerra contra *El H*. Se colocó en los primeros planos del crimen organizado. Cada día se incrementaban los informes y boletines oficiales que lo mencionaban.

Los medios de comunicación volvieron la mirada hacia ese personaje que estaba rompiendo los paradigmas del narcotraficante de antaño, y con mayor énfasis cuando en sus mensajes y relaciones personales se vieron involucradas diversas celebridades, como se verá en seguida.

Sin duda, la visibilidad no fue buen augurio para Édgar Valdez Villarreal. La historia reciente de los capos en México muestra que, cuando alguno se hizo más presente en la conciencia colectiva y en la prensa, casi siempre sus días de libertad o de vida estaban contados. Y en el caso de *La Barbie*, a principios de 2010 un hecho que paradójicamente él no propició terminó de ponerlo bajo los reflectores...

En la madrugada del lunes 25 de enero de 2010, Salvador Cabañas, un futbolista paraguayo de fama internacional, acudió al centro de diversión Bar Bar, situado en la avenida Insurgentes Sur de la Ciudad de México. No se trataba de cualquier lugar; el Bar Bar era frecuentado por actores, deportistas, empresarios, modelos y cantantes de talla nacional y mundial. Y tampoco se trataba de cualquier jugador... A sus 26 años, Cabañas pasaba por un momento excepcional. En dos ocasiones había sido el máximo goleador de la Copa Libertadores y en una del torneo mexicano. Una encuesta del diario *El País* de Uruguay lo había nombrado en 2007 mejor jugador de América —la única vez en la que un futbolista que juega en México ha recibido tal distinción—. El Club América acababa de renovar su contrato como delantero y había rumores de que un equipo europeo se interesaba en él. Además, se avecinaba el mundial de futbol, en el que muy probablemente tendría una participación destacada.

Cabañas llegó al Bar Bar en compañía de su esposa, María Alonso Mena, y su cuñado, Amancio Rojas. Las cámaras de seguridad del lugar registraron su ingreso a la una de la mañana con 30 minutos. Detrás de ellos arribaron dos autos; de uno bajaron cuatro sujetos, dos de los cuales se colocaron sobre la avenida Insurgentes para escoltar a un hombre alto, pulcro y de complexión atlética, seguido por otro individuo regordete y de baja estatura. Estos dos últimos ingresaron al Bar Bar. El gerente Carlos Cázares, *Charlie*, los recibió en la puerta. Otros empleados los saludaban al verlos pasar; era claro que se trataba de clientes frecuentes.

A las cinco de la mañana con nueve minutos, las cámaras de seguridad del bar captaron a Salvador Cabañas que, sosteniendo una bebida, conversaba con *Charlie*. Cinco minutos después, los dos hombres que llegaron al lugar detrás del futbolista se levantaron de su mesa, subieron al primer nivel y entraron al baño. A las cinco horas con 15 minutos, una mujer también fue al baño. Era Diana, una bailarina cubana que compartía mesa con los dos sujetos. Cuando salió se encontró con el de baja estatura y se quedaron platicando. El hombre alto permanecía dentro. Al cabo de dos minutos, Salvador Cabañas y su esposa subieron a los sanitarios; ella se dirigó a la derecha, donde estaban los de mujeres. Él desapareció de la imagen de la cámara de seguridad al internarse en los de caballeros. Instantes después el sujeto regordete volvió a entrar. No habían transcurrido ni 60 segundos cuando se oyó un disparo en los sanitarios de hombres. Un elemento de seguridad acudió al lugar, abrió la puerta y vio al jugador tirado en el piso. Los dos sujetos, el alto y el de baja estatura, salieron deprisa; recorrieron la escalera, cruzaron la pista y se encaminaron a la salida. Otro elemento de seguridad les abrió la puerta y los dejó partir sin problema. Ya afuera, el hombre alto hizo una señal y de inmediato se acercaron los escoltas en sus vehículos. Escaparon sin que nadie intentara detenerlos.

En el interior todo era caos. El gerente Carlos Cázares entraba y salía del baño donde estaba herido Salvador Cabañas, cuya esposa quería verlo pero se lo impedían; su desesperación la hizo incluso patear la puerta. Abajo, en la pista, los asistentes no sabían lo que ocurría. La música había terminado y sólo veían correr al personal del bar de un lado a otro.

Llegó la primera patrulla de la Secretaría de Seguridad Pública del Distrito Federal, pero los policías no ingresaron inmediatamente al lugar para ver qué estaba sucediendo, sino hasta varios minutos después, cuando se presentaron una ambulancia y personal de Protección Civil de la Delegación Álvaro Obregón.

Pese a que había sufrido un impacto de bala en la cabeza, Cabañas estaba con vida. Uno de los rescatistas que lo atendían en el baño, al ver que se trataba del famoso jugador, no dejó pasar la oportunidad de tomarle una fotografía con su teléfono celular. Esa imagen le dio la vuelta al mundo. El futbolista fue trasladado en ambulancia a un hospital; iban con él su esposa y *Charlie*. Su estado era grave.

Entre tanto, la policía retuvo a todos los empleados del Bar Bar a fin de que declararan ante el Ministerio Público de la Procuraduría General de Justicia del Distrito Federal (PGJDF). Fue entonces cuando surgieron los primeros indicios de la identidad del agresor de Cabañas: los empleados lo señalaban como *El JJ*, *El Batman* o *El Modelo*. Se trataba nada menos que de José Jorge Balderas Garza, aquel compañero de juerga que tuvo *La Barbie* en Tamaulipas cuando recién se había establecido en México.

Aparte de las pesquisas que realizaron las autoridades, para la plena identificación de Balderas Garza resultó fundamental el testimonio de Silvia Irabién, *La Chiva*, quien había saltado a la fama unos años atrás luego de participar en el *reality show* de *Big Brother*. El 27 de enero de ese 2010 se presentó de manera voluntaria a la PGJDF a declarar lo que sabía de *El JJ*: lo conocía porque había sido su pareja sentimental. Relató que empezaron a tratarse en el mismo Bar Bar, adonde ella iba con frecuencia. No obstante, él dijo llamarse "Jorge Díaz Treviño" —una de las siete identidades que utilizaba— y ser un importante empresario de la rama del transporte de carga.

"Yo lo veía los fines de semana", refirió Irabién; "fue una relación no formal, salíamos a cenar, él visitaba más mi departamento que yo su casa [...]; al parecer él tenía otra pareja; [...] bueno no, nunca estuve en su domicilio [...]. Nuestra relación duró más o menos seis meses, tiempo en el que quedé embarazada, pero nunca quise que reconociera a mi hija [...]. Él nunca estuvo ahí, él no se hizo cargo ni del embarazo ni su parte como padre, entonces asumí yo la maternidad porque yo lo quise así."

Agregó que le sorprendió enterarse de lo que había ocurrido con Cabañas y que fuera el padre de su hija quien estuviera involucrado: "Al parecer [era] una persona muy tranquila; la verdad es que yo nunca vi que fuera una persona violenta; al ver todo esto que está sucediendo de verdad yo me quedé pasmada, era una persona tranquila, de hecho frecuentábamos mucho el Bar Bar, estábamos ahí todos los fines de semana y nunca vi que tuviera ningún problema".

Sin embargo, aquellas declaraciones no estuvieron exentas de consecuencias. Un día después de que *La Chiva* acudió a la PGJDF, apareció una manta colgada sobre un puente peatonal del Periférico Sur de la Ciudad de México, frente a las instalaciones de Televisa San Ángel. Era una tela blanca con letras rojas y negras que decía: "CHIVA, TU SABES CUANTO QUIERO AL JJ, TE DIJE QUE TE QUEDARAS CALLADA Y NO LO HICISTE, POR ESO TE VOY A CORTAR LA CABEZA. TU SABES QUE LO QUE LE PASO A ESTE PENDEJO FUE POR METERSE CON ARLETH TERÁN Y ELLA ES MI VIEJA. ATTE. LA BARBIE" [*sic*].

La manta fue retirada por policías que trabajaban en un edificio del Poder Judicial de la Federación ubicado muy cerca de ahí. En cuanto a la mención de la famosa actriz de telenovelas, nunca se confirmó ningún vínculo suyo con el personaje en cuestión. Como se mencionó anteriormente, Édgar Valdez Villarreal declaró que conoció a hombres y mujeres del medio del espectáculo, pero que se presentó ante ellos con identidades falsas.

Por su parte, la PGR inició una investigación por las amenazas a Silvia Irabién y ordenó que la escoltaran agentes federales.

La prensa de espectáculos se dio vuelo cubriendo los pormenores de la relación de *La Chiva* con quien había intentado matar a Salvador Cabañas. La noticia tenía todos los ingredientes para despertar el morbo: futbol, mujeres guapas y famosas, vida nocturna, crimen y mafia. Y algo más relevante era que la manta hacía entrar al juego a un capo de altos vuelos: *La Barbie*. Por primera vez se relacionaba públicamente a Édgar Valdez Villarreal con José Jorge Balderas Garza. Se decía que éste distribuía cocaína en ciertos puntos del Estado de México para la organización de los Beltrán Leyva. Gracias a todo este contexto, el atípico perfil de Valdez Villarreal resultaba del conocimiento y predilección hasta de la gente no interesada en el tema del narcotráfico.

Las intimidaciones a Silvia Irabién no pararon ahí. El 24 de febrero de ese año, en calles de la exclusiva colonia Bosques de las Lomas de la Ciudad de México, se hallaron otras tres mantas supuestamente firmadas por Édgar Valdez Villarreal. Dos eran contra la Policía Federal y algunos de sus altos mandos. La tercera estaba entre los cuerpos de tres personas ejecutadas y abandonadas en el interior de una camioneta; contenía un mensaje contra la famosa *Chiva* en el que nuevamente la amenazaban de muerte por haber revelado una de las identidades de *El JJ*.

Por si le hiciera falta mayor notoriedad, mientras libraba su guerra en Morelos contra el Cártel del Pacífico Sur, ahora *La Barbie* no sólo protagonizaba las notas de seguridad pública, sino las de deportes y espectáculos a nivel nacional e internacional.

Después de su captura, Édgar Valdez Villarreal aseguró que nunca ordenó colocar aquellas mantas para amedrentar a Silvia Irabién.

Habla *El Contador*

¿QUIÉN ERA en realidad José Jorge Balderas Garza? ¿Hasta dónde llegaban sus vínculos y alcances? ¿Era cierta su supuesta relación con *La Barbie*? A medida que investigaban, las autoridades se topaban con más interrogantes. En una casa ubicada en el Estado de México localizaron documentos que probaban que *El JJ* tenía más de siete identidades: credenciales del IFE, pasaportes y actas de nacimiento con diferentes nombres.

A lo largo de muchos meses, *El JJ* y *El Contador*, el sujeto de estatura baja que lo acompañaba aquella noche en el Bar Bar, fueron de los presuntos criminales más encarnizadamente buscados por la justicia. Y no tardó en caer el primero. El 23 de junio de 2010, la Policía Federal detuvo en Tlalnepantla, Estado de México, a José Francisco

Barreto García, *El Contador*, de 47 años de edad, socio y cómplice de *El JJ*. Barreto García declaró que estaba al servicio de los Beltrán Leyva. Que comenzó a trabajar para esa organización cuando un conocido lo presentó, hacia 2008, con *El Batman*, o *El JJ*. Dijo recibir un pago quincenal de diez mil pesos y que su función era distribuir cocaína entre las tiendas que conocía; él recogía el pago y se lo llevaba a *El Batman*.

Barreto García dio su versión del caso Cabañas y también involucró a *La Barbie*, pues aseguró que éste ayudó a *El JJ* a esconderse, no sin antes regañarlo por atacar al futbolista. La agresión, por cierto —continuó *El Contador*—, se originó por una discusión que tuvieron en los sanitarios *El JJ* y Cabañas a causa de los pobres resultados del América. Aunque "eran amigos", en esa ocasión las cosas se salieron de control. Recordó que en el Bar Bar se reunían actores, deportistas…, y que a *El JJ* "lo conocía toda la gente, se sentía a gusto en ese lugar". Solían llegar solos, aunque en alguna ocasión llevaron a la novia de Balderas Garza.

El Contador puntualizó que se hallaba presente cuando *El JJ* le disparó a Cabañas: "Yo llegué con José Jorge, con *El JJ*. Llegué yo en un Audi, color rojo; llegamos los dos y los escoltas atrás de nosotros, ellos llegaron en una camioneta Durango, negra, y en un Seat, azul cielo tirándole a gris […]. Entramos como siempre, hicimos lo rutinario, nos recibe el de la puerta, el de seguridad, y nos dan el abrazo de bienvenida y todo. Entrando al Bar Bar, así entrando de frente, hay una pared, ahí nos cachea el de seguridad que no llevásemos armas; pues ahora cambiamos un poquito, [...] ahora está otra persona de seguridad, ya no nos revisa, ya nada más nos saluda de abrazo y todo, y nos vamos a la mesa que siempre nos vamos, que era la mesa tres; ahí estuvimos conviviendo como siempre con la gente, de hecho no había mucha gente, estaba aburrido el bar, porque estaba muy vacío, en el trascurso de la noche.

"No recuerdo si bien serían como las cuatro de la mañana o algo así, de las veces que fuimos al baño; [...] yo siempre lo acompañaba al *JJ* al baño. Él entra al baño y yo me quedo en la puerta de salida del mismo y en eso me percato que sale una chica, una muchacha güera, una cubana, que ya la conocíamos nosotros, y yo salgo a platicar con ella y le pregunto cosas así como de 'por qué no te quisiste quedar en la mesa con nosotros', con una amiga de ella [...]; ahí a todo el mundo le decía 'el papi', inclusive a Cabañas, cuando lo saludaba, siempre lo saludaba de abrazo y como estás 'papi', y ya te digo que teníamos relación con todos los clientes y ya había entrado Salvador Cabañas, y yo le dije a ella:

"—Espérame, [...] voy a saludar a Cabañas.

"Porque te digo que le hablaba, que lo saludaba y todo. En el momento que yo voy ingresando al baño yo escucho la voz del *JJ* que dice:

"—Soy el que te va a dar en la madre.

"Acto seguido doy el paso completo y en ese momento *El JJ* voltea a verme, hace este movimiento así y el empleado del baño que estaba junto a él, y bueno, yo cuando entré vi que tenía a Cabañas agarrado del cuello, de esta parte del cuello, hace esto, pero todo fue muy rápido porque lo que le estoy platicando, oigo la palabra, doy el paso, yo pensé que se iba pelear o algo, nunca pensé que con Cabañas, y fue muy rápido. Yo cuando entro veo que está así haciendo esto, voltean a verme y se oye el disparo del arma, nos salimos y el de seguridad [...] se asoma y me pregunta:

"—¿Le disparó?

"Le dije:

"—Sí.

"Y ya él me dice:

"—Pues váyanse, váyanse, váyanse.

"Entonces [...], por medio del radio que traen ellos le habla al jefe de seguridad de la puerta para que nos abra la puerta, y ya salimos del lugar; ya en la calle le marcamos a los chavos que nos acompañan, de hecho nos ven y se acercan, él se sube a la camioneta negra, la Durango, y yo me subo al carro, al Seat; el Audi en el que llegamos se va detrás del *JJ* junto con otro Tsuru que también llevábamos y enfilamos sobre Insurgentes hacia el norte de la ciudad y dimos vuelta en Río Mixcoac y llegamos a Periférico, igual hacia el norte; él enfila hacia lo que es el área de Tecamachalco, ahí por Reforma se sube, y yo me sigo derecho hacia el Estado de México y ya fue la última vez que vi al *JJ* porque ya no lo volví a ver."

Narró lo que sucedió después: "Ya nada más me pregunta al otro día, bueno, me habla por radio y todo, que cómo había estado todo; de hecho él no se había percatado porque me pregunta y me dice:

"—¿Estás bien, no te quedaste en el lugar?

"—No, yo ya estoy en mi casa.

"—Ah, bueno. Y ¿cómo estuvo todo? ¿Qué fue lo que pasó?

"Le platico lo mismo; de hecho, él en ese momento me habla con palabras obscenas, porque le digo:

"—¿Cómo que qué pasó? ¿Qué no se acuerda? —le dije yo, [...] y me dice unas groserías.

"—Dime qué pasó.

"Entonces lo mismo [...] le comenté a él, que lo único que yo vi [...] fue eso de que cuando entré él tenía agarrado a Cabañas del cuello y que le disparó.

"Fue lo único que le digo y de hecho él me dice:

"—Tú eres el único testigo, tú fuiste el único que viste —bueno, yo y el del baño, [y] dice—: [Ya] le dije al *Charly* que cambiara los videos. [...] Ya le dije que quite todos los videos, que no se quede nada ahí. —Y todavía me dijo—: Como tú eres el único testigo, pues voy a tener que matarte.

"[...] Ese día él me dijo que ya *El Inge* lo había regañado, que estaba muy molesto y que su apá de él no le contestaba, y ya el miércoles les habló a todos, bueno a 'los tienderos', a los que yo tenía, y ya les decía que yo me le había ido, que le había robado dinero, que si sabían de mí que me pusieran, [...] si yo les hablaba me pusieran para que ellos me agarraran [...], porque a él lo que más le interesaba era su dinero [...].

"Yo quiero pensar [que] el arma con la que le disparó era muy pequeñita, [...] porque él siempre traía armas más grandes, siempre de fuego, de calibre más grueso; [...] a la hora que lo quiso amenazar [...] por el tamaño del arma se le fue el tiro, no sé."

Barreto García pensaba que pudieron alejarse fácilmente del Bar Bar porque *El JJ* "siempre comentaba que era gente de *La Barbie* [...], como que fue un reflejo de lo mismo. [...] De hecho, a él le aguantaban muchas cosas de las que él hacía ahí ya tomado, pues yo creo que por el temor de decir: 'Es que si le hacemos algo o decimos algo, pues nos vayan a hacer algo o nos vaya a pasar algo'. Ya tomado, que ya querían cerrar y él no los dejaba, no los dejaba cerrar el lugar, y ya no había gente y ya todo el mundo se quería ir y él no los dejaba, no los dejaba que cerraran, si alguien le caía mal o se le quedaba viendo lo mandaba sacar.

"A la mayoría de la gente [...] les decía eso: 'Yo trabajo para *La Barbie*, *La Barbie* es mi apá y yo puedo hacer lo que quiera', pero eso ya nada más lo hacía cuando se pasaba de copas."

El otro testigo del ataque a Cabañas...

EN EFECTO, aparte de *El Contador*, el afanador Javier Ibarra, encargado de la limpieza de los baños para hombres en el Bar Bar, presenció el momento justo en que *El JJ* accionó su arma y lesionó a Salvador Cabañas. Su declaración, rendida el 26 de enero de 2010 en la PGJDF, coincidió con la que meses más tarde haría Barreto García: "Laboro en el negocio Bar Bar, ubicado en Avenida Insurgentes Sur 1854, Colonia La Florida, en la delegación política Álvaro Obregón, en México, Distrito Federal, desde hace aproximadamente 20 años, y desde que ingresé a laborar me he ocupado de los baños del lugar, procurando que los mismos estén limpios y vigilando que no se consuma estupefacientes, siendo el caso que el día 25 de enero del año en curso, siendo aproximadamente las 05:00 [...] horas, encontrándome en los baños del lugar citado, me percato que ingresa un sujeto del sexo masculino a quien sé que le dicen *JJ*, sujeto que es cliente frecuente, y atrás de él su acompañante, quien se asoma al baño y se sale, quedándome solo con *JJ*, quien se dirige al excusado que está junto a los lavabos, tardándose aproximadamente un minuto, y al momento que sale del excusado, Cabañas, de quien sé es jugador de futbol del equipo 'América', había entrado al baño y cuando caminaba a la altura del segundo mingitorio, ya que son tres que están frente a los excusados, en ese momento *JJ* ve a Cabañas, de frente, deteniéndose *JJ* y, al pasar Cabañas, *JJ* le dice:

"—¿Qué pasó con esos goles? —dando un paso hacia fuera.

"Y Cabañas le contesta:

"—¿Cuáles goles?

"Y *JJ* le dice:

"—Pues los del América para que gane el equipo.

"Entonces Cabañas se puso agresivo y le dijo a *JJ*:

"—¿Tú quién eres para decirme cuáles goles?

"Entonces *JJ* saca una pistola escuadra de color negro de su cintura del lado derecho, sujetándola con su mano derecha, cortando cartucho; en esos momentos toco con mi mano derecha un contacto de alarma que avisa a seguridad de algún problema en el baño, ya que se enciende un foco que se encuentra en la entrada del bar. En esos momentos *JJ* le apunta con el cañón hacia la frente, diciéndole:

"—Yo soy el hijo de la chingada que te va a romper tu puta madre.

"Y en eso me doy cuenta que ya había entrado de nueva cuenta el acompañante de *JJ*, quien lo estaba cuidando y se encontraba recargado en la pared de la puerta de la entrada del baño, por lo que volteó a verlo y sin decirle nada, yo deseaba que detuviera a *JJ*, pero no hizo nada, y en eso Cabañas dirige su frente hacia el cañón de la pistola y le dice:

"—Jálale, jálale —como retándolo, al mismo tiempo que movía la cabeza pegándose al cañón.

"Y en ese momento escuché un disparo y *JJ* se da vuelta hacia su izquierda para dirigirse a la salida, diciéndole en esos momentos [...] a su acompañante:

"—Vámonos —saliendo primero su acompañante y atrás el *JJ*.

"En ese momento Cabañas ya había caído al piso boca abajo y vi un casquillo tirado junto a la cabeza de Cabañas, a una distancia aproximada de 20 [...] centímetros, quedando su cabeza en dirección hacia la pared donde están los mingitorios, apreciando también que había un charco de sangre de su cabeza; en esos momentos me dirijo a la salida del baño y antes de salir me doy cuenta que Enrique Fichtl, empleado de seguridad, se asoma y se regresa, escuchando que decía '¡Baños, baños!', viendo que Enrique descendía las escaleras, por lo que cierro la puerta del baño quedándome adentro. Casi de inmediato tocan la puerta del baño, abro la puerta y veo a Carlos Fernando Cázares Ocaña, quien es gerente del lugar, y a Heriberto González Vargas, empleado de seguridad, quienes ingresan al baño, preguntando Cázares:

"—¿Quién es?

"Y Heriberto contestó:

"—Es Cabañas.

"Acto seguido salió del baño Cázares y Heriberto se agachó a ver el cuerpo, escuchando en ese momento un quejido y Heriberto dijo:

"—Está vivo todavía. —Caminando hacia la puerta, me indicó—: Cierra la puerta —quedándome solo.

"Ante el hecho, tomo mi mochila con mis pertenencias y abro la puerta y al salir cierro la misma. Dirigiéndome al baño de mujeres, toqué la puerta y me abrió mi compañera Angélica, diciéndole que agarrara mi morral, indicándome que si me lo guardaba, y le contesté:

"—No, porque al rato me cambio.

"Regresé al baño, abrí la puerta y me meto cerrando la misma detrás de mí, y permanezco a un lado pegado a la puerta porque tenía mucho miedo, pasando entre siete y diez minutos aproximadamente, escucho que alguien toca la puerta, al abrirla veo que se trataba de Cázares, Heriberto y una persona de rescate y una señora, al parecer la esposa de Cabañas, y un segundo sujeto que acompañaba a la esposa. En ese momento salgo del baño y me meto al baño de mujeres, en donde me quedo como cinco minutos escuchando después cómo Farid me gritaba por mi nombre y al asomarme a la puerta me vio y me ordenó que lavara el baño. Al caminar hacia el baño de hombres vi que ya había sacado a Cabañas y que en su lugar había coágulos de sangre, señalándomelos Farid, y diciéndome que los lavara, y me entregó dos refrescos 'tehuacanes', primero uno, el cual agité para que saliera a presión con el gas, y se lo aventé a la sangre y al mismo tiempo Farid hacía lo mismo con otro 'tehuacán', ayudándome a limpiar la sangre, la cual corrió hacia la coladera que está frente al primer excusado. Una vez que limpiamos, le eché cloro en el piso, y con el jalador lo llevé hasta la coladera, y eché aromatizante al baño, y luego trapeé el piso para secarlo.

"Terminando esto, salí del baño y me fui al de mujeres, en donde me cambié y bajé al salón en donde estaban Angélica Mejía, María del Pilar Villanueva, Nancy García Briseño, Jesús Aguilar López, Ihosvani Díaz, Jorge Pinto,

Enrique Fichtl, Juan Pablo Velázquez y yo. En ese momento Jorge Pinto dijo:

"—Nadie salga, las puertas cerradas.

"Momento en que comentábamos lo antes sucedido, escuchando ruido afuera, pasando el tiempo sin poder precisar entre una a dos horas, nos avisó Pinto que Martín Arias, el administrador, ya había llegado para abrir la puerta, entrando policías uniformados, hasta que después de varias horas nos informaron que acudiéramos a esta oficina a declarar a lo ocurrido.

"Deseo agregar que la primera declaración la rendí con mucho temor y miedo a que me pase algo a mí y a mi familia, porque todos en el bar sabemos que el señor *JJ* es muy peligroso porque dicen que es de Sinaloa y se mueve con gente que siempre lo tiene bien protegido, y todo mundo lo respeta por temor a que les haga algo, por lo que temo por mi seguridad y la de mi familia.

"Quiero aclarar que el casquillo no sé quién lo haya levantado del lugar, porque la última vez que lo vi fue cuando quedó frente a la cabeza de Cabañas, como ya lo declaré. Por lo que hace a la pistola, era de color negro tipo escuadra y sólo se disparó en una ocasión, la cual se llevó consigo *JJ*.

"Que *JJ* y su escolta iba una vez a la semana desde hace aproximadamente dos o tres años con mucha regularidad, ya sea los días miércoles o domingo. Al tener a la vista en el expediente una fotografía relacionada a un registro de licencia de conducir de la Secretaría de Transporte y Vialidad a nombre de José Jorge Balderas Garza, lo reconozco plenamente y sin temor a equivocarme como el mismo sujeto a quien he hecho referencia en mi declaración refiriéndome a él como el *JJ*. De igual forma, al tener a la vista en una hoja una impresión de videograbación en la que aparece el rostro de un sujeto de cabello corto, y robusto, lo reconozco plenamente y sin temor a equivocarme como el sujeto que cuando acude al bar acompaña y escolta al señor *JJ*, al cual he hecho referencia en mi presente declaración como *Paco*; [...] al tener a la vista una videograbación del interior del bar, reconozco a quien camina y conduce a la salida a *JJ* y a su acompañante, como al de seguridad: Heriberto González Vargas, y al tener a la vista en una videograbación de otros dos sujetos que salen del bar detrás de *JJ* y su acompañante, y de pronto se regresan, los reconozco como clientes del lugar, a uno de ellos lo he visto en otras ocasiones, pero no sé su nombre, y al otro no lo conozco."

Detención de *El JJ*

LA HISTORIA dio un vuelco la noche del 18 de enero de 2011, cuando, luego de casi un año de intensa búsqueda dentro y fuera del país, José Jorge Balderas Garza, *El JJ*, fue detenido. La Policía Federal llegó hasta las calles de Ahuehuetes y Bosque de Pirules, en la citada colonia Bosques de las Lomas. Los equipos tácticos se desplegaron alrededor de una residencia de tres niveles construida en un terreno de más de mil metros cuadrados. Los agentes federales ingresaron al domicilio y sorprendieron a los escoltas de *El JJ*; prácticamente los atraparon dormidos. La incursión fue precisa, sin que se realizara un disparo. Capturaron uno por uno a los cómplices del presunto agresor de Salvador Cabañas. Luego, *El JJ*, que seguía trabajando para el cártel de Édgar Valdez Villarreal, fue sorprendido en una de las habitaciones donde ya estaba descansando, según declaró.

Los agentes trasladaron a Balderas Garza y a sus cómplices al Centro de Mando de Iztapalapa, donde, en medio de una gran expectación, los presentaron ante los medios de comunicación nacionales e internacionales. El encargado de dar a conocer los detalles de la captura fue Ramón Pequeño, jefe de la División Antidrogas de la Policía Federal. Dos elementos de fuerzas especiales entraron al hangar escoltando a *El JJ*, que llevaba la barba y el cabello crecidos. Tenía puesta una playera azul tipo polo, muy parecida a la que usaba *La Barbie* el día de su captura.

A diferencia de Édgar Valdez Villarreal, *El JJ* no sonreía. Su expresión era dura; volvía los ojos de un lado a otro y por momentos su mirada parecía perderse entre las cámaras y los flashes. No era para menos. En tan sólo un año se había convertido en uno de los delincuentes más exhibidos en la prensa. Esa "fama", aseveró el mismo *JJ*, lo ayudó a crecer en su negocio de venta de cocaína. Relató que, luego de la agresión al futbolista paraguayo, estuvo escondido únicamente un par de meses en "oficinas o casas de seguridad" que le proporcionó *La Barbie*, pero cuando consideró que ya había pasado el peligro regresó a su negocio de distribución de drogas en el Estado de México. Aseguró que entonces todos querían comprar la droga que distribuía.

Entre los detenidos se encontraba una hermosa mujer de ojos verdes que también llamó la atención de las cámaras: Juliana Sossa Toro, una modelo colombiana que era la novia de *El JJ*.

Después de su presentación, *El JJ* dio dos entrevistas para la televisión. Todo mundo quería oír su versión sobre lo acontecido en el interior de los baños del Bar Bar aquella noche de enero de 2010. Al ser cuestionado sobre el ataque a Salvador Cabañas, negó haber sido él quien disparó e inculpó a su socio y cómplice José Francisco Barreto García, *El Contador*.

Por su parte, la Policía Federal también recogió la acusación de *El JJ* a *El Contador* en la siguiente entrevista:

POLICÍA FEDERAL: *¿Quién era su brazo derecho?*

JOSÉ JORGE BALDERAS GARZA: —¿Mi brazo derecho? Pues si se puede decir "brazo derecho", pues hubo varios. *El Contador*, después otro amigo que está arrestado ya.

La relación con El Contador *y usted, ¿cómo era?*

—Pues era muy buena hasta que pasó el incidente; se le ocurrió robar.

¿Le robó a usted?

—Sí.

¿Cuánto le robó?

—Como dos millones de pesos.

Este dinero, ¿de dónde lo tomó?

—Es que él era el encargado de distribuir las narcotienditas y colectar el dinero de las ventas; él tenía acceso a ese dinero, se lo robó.

¿Y usted lo buscaba?

—Pues no es como que andaba yo buscándolo en la calle, pero sí había recompensa por él si lo ubicaban.

¿Cuánto ofrecía?

—No, pues primero lo necesitaba tener, ya después veríamos…

¿Cuánto hubiera estado dispuesto a ofrecer?

—Pues no mucho. Ese pelado no pienso que valía mucho, el pinche traicionero.

Pero, ¿esto fue desde que inició el negocio?

—No. Esto fue desde hace un año.

¿Por qué desde hace un año?

—Por el incidente del futbolista.

Cuéntenos, ¿se refiere a Cabañas?

—A Salvador Cabañas, sí.

¿Qué sucedió ese día?

—Pues que le dieron un balazo al amigo, ¿no?

¿Usted estaba en ese bar donde sucedieron los hechos?

—Sí, yo estaba ahí.

¿Y qué es lo que pasó?

—Nada, que le dieron un balazo al amigo, andaba de impertinente, se puso pendejo, pues le dieron un balazo.

¿Quién le dio ese balazo?

—*El Contador.*

¿Usted lo vio?

—Yo lo vi.

¿Nos puede contar qué sucedió ese día? ¿Qué fue lo que usted vio?

—El Salvador Cabañas andaba muy tomado o muy drogado, no sé; se puso pendejo queriendo pelear conmigo y traté de calmarlo al "vato", pero pues andaba muy mal. *El Contador* oyó el forcejeo y entró. Digo yo, al fin y al cabo le pagaba para eso, para que me cuidara. Él le dio el balazo. Cuando estaba yo forcejeando con el otro amigo tratándolo de calmar y él tirándome golpes, *El Contador* llegó y le dio, yo creo andaba igual de borracho que aquel cabrón, porque pues no fue algo que yo le dije "Si alguien me agrede, mata", pero al fin y al cabo para eso le pagaba, para que me protegiera, ¿no? Me diera protección.

Una vez que le dieron el balazo a Cabañas, ¿qué hace usted?

—Nada. Me fui a mi casa, salí del lugar y me fui a mi casa.

¿Cómo es que usted conocía a Cabañas?

—A Cabañas yo no lo conocía; lo ubicaba de los bares, de los antros.

¿Era común que usted fuera a ese bar?

—Sí, sí… En un tiempo sí fui muy seguido, pero hubo tiempos que no iba.

¿Y ahí cómo se identificaba usted? ¿Quién era usted?

—*JJ*. Empresario.

¿A qué se dedicaba?

—Al ramo del transporte.

¿La gente no sabía a qué se dedicaba?

—Pues igual la gente tenía ideas o escuchaba cosas, pero no estoy seguro si sabían o no sabían.

Regresando al incidente del bar, ¿cómo es que logran ingresar [el arma] al bar?

—Eso se lo tienen que preguntar a *El Contador*, porque él fue quien la metió.

¿Usted sabía que él iba armado?

—No. De hecho, cuando entramos nos checaron y no traíamos nada, porque sí nos checaron.

¿Por qué empezaron a discutir usted y Cabañas?

—Por un incidente ahí de borrachera en el baño.

¿Algún tema en particular?

—No, simple y sencillamente que el amigo estaba estorbando la pasada y le pedí de favor "Con permiso" y me ignoró, lo pasé, lo empujé y me tiró un golpe. No me había dado cuenta yo de quién era, no lo había visto, en toda la noche no lo había yo visto. Eso de que había hablado y discutido es pura pinche mentira, no lo había yo visto en toda la puta noche.

¿Y sí lo llegó a golpear usted?

—No, él me golpeó a mí, yo lo traté de calmar. Él me agredió a mí primero y lo traté de calmar; y si el amigo del baño ése dijo en su momento "Yo no vi nada, oí", el amigo no vio porque no estaba ahí, estaba adentro de un excusado lavando, tal vez oyó. Nadie vio en realidad, los únicos que sabemos que *El Contador* le dio el balazo soy yo, *El Contador* y pues el Cabañas, que dice que no se acuerda de nada. Yo pienso que no se quiere acordar.

¿Por qué no se quiere acordar?

—No, no, no. [...] Todo lo demás lo hace muy bien, yo no pienso cómo no puede recordar el cabrón. Igual no le conviene decir "Sí, sí me acuerdo y la neta la cagué yo, yo fui el que empecé y pendejeé". Ésa es la realidad; yo traté de calmarlo cuando me di cuenta que era él.

¿Cómo es que lograron salir?

—Pues así, o sea pasó tan rápido que el de seguridad que llegó al baño... para cuando él avisó ya estaba saliendo de ahí. ¿Qué podían hacer? Me imagino que estaban tan asustados o tan preocupados de lo que había pasado que ni tiempo les dio de quererme parar o decir "Hey, ven para acá" o algo, y pues uno no se queda a esperar qué iba a pasar.

Una vez que pasó el incidente, ¿usted tuvo contacto con alguien? Para pedirle apoyo o...

—Con *La Barbie*. Con un trabajador de él, no con *La Barbie* directamente.

¿Con quién exactamente?

—Con un trabajador de él.

¿Y qué le preguntó?

—Nada más le dije que necesitaba un lugar a dónde

irme porque pues no tenía a dónde irme, que no fueran a saber ¿verdad?

¿Y qué sucedió? ¿Lo apoyaron?

—Sí.

¿A dónde se fue?

—Me fui primero a un departamento de *La Barbie* ahí en Santa Fe o Cuajimalpa, no sé exactamente qué era ahí. Ahí estuve yo creo tal vez una semana; después de ahí me fui a otra casa que estaba en Atizapán y ahí estuve como cerca de tres meses.

¿Y después de ahí?

—Después de ahí ya conseguí una casa en renta y me fui a vivir ahí. Di las gracias.

¿Lo seguía apoyando La Barbie*?*

—Pues, cada en cuando, o sea me mandaba mensajes, porque en sí, relación o comunicación directa con él pues no, o sea por medio de un trabajador de él y cada cuando él saludaba y era todo.

¿Le llegó a mandar un mensaje?

—¿De quién?

¿Le llegó a mandar algún mensaje de lo sucedido con Cabañas?

—No, pues es que ese rollo que traen de que *El Contador*, de que me regañaron, de que estaban molestos en su momento… nomás él me preguntó qué pasó y pues "Se pasaron", lo hecho, hecho estaba ¿no?

Y al salir de ahí, ¿qué hizo El Contador*?*

—No sé, él se fue por su lado, me imagino [que] a su casa, donde haya estado viviendo en ese momento.

¿Usted le dio alguna indicación?

—Que no anduviera en la calle, de hecho yo hasta le propuse que igual yo pudiera hablar con *La Barbie* para ver si él podía venir también para que no estuviera corriendo peligro en la calle. Bueno, en su momento me preocupó que lo fueran a agarrar, ¿verdad?, y me embarrara a mí en más pedos, que de por sí, ¿no?, la bronca me cayó a mí, yo fui el que les gusté, o yo era el popular o el conocido en ese momento pues, a ver ¿quién fue?, *El JJ*, hijo de la chingada, él puede decir eso, nomás que él y yo, pues porque el Cabañas no se acuerda de nada.

¿Cuándo fue la última vez que usted vio a La Barbie*?*

—Pienso como un par de meses, dos, tres meses [antes] de que lo arrestaran.

¿Dónde lo vio?

—En esa casa de Atizapán, antes de que me fui.

¿Y qué sucedió ese día?

—Nada, nomás le di las gracias y me fueron a dejar a un determinado punto y de ahí me fui yo para la casa que ya rentaba.

¿Había alguna presión para que usted dejara el inmueble?

—¿Del de Atizapán? No, pero él [...] sí me propuso tal vez un mes antes de que... qué iba hacer, me preguntó que si pensaba buscar un lugar o qué pensaba hacer, y le dije pues sí, ¿no? Al buen entendedor, pocas palabras, y empecé a buscar un lugar, hasta que lo tuve.

¿Y por qué buscar a La Barbie *como primera opción?*

—Amistad, o sea en realidad no es como que me relacionaba con mucha gente o que tenga amigos, y él igual era amigo de tiempo atrás, de años, amistad, ¿entiende? Cuando supuse mal al pedirle apoyo en ese aspecto que me apoyara, en esconderme un rato…

¿Fue para usted fácil esconderse, moverse a raíz del incidente?

—Es que no me movía, estuve prácticamente en esos dos lugares prácticamente el año.

¿Quién lo apoyaba?

—Nadie.

¿Para poder tener su…?

—A unos chavos que trabajan conmigo.

¿Cómo le hacía para pagarles si no tenía dinero?

—Trabajando, de las inversiones que traía.

¿Qué tipo de inversiones lo llevaron a esta ruptura?

—Narcomenudeo.

¿A raíz del incidente usted todavía siguió trabajando?

—Sí.

¿En dónde continuaba distribuyendo?

—En los municipios que le dije del Estado de México.

¿No se veía afectado su negocio?

—Al principio sí.

¿Por cuánto tiempo?

—Si acaso un par de semanas, en lo que se organizó todo de nuevo.

¿Y después siguió todo igual?

—Continuó mejor.

¿Y por qué mejor?

—Porque estaba creciendo. De un kilo que empecé

vendiendo al mes ya ahorita vendía por decir 60 o 70 kilos al mes.

¿Qué pasaría si estuviera Cabañas?

—Nada, ¿qué pasaría? No es como que era mi amigo, yo no tenía ni un tipo de relación con él.

¿Y si viera a El Contador*?*

—Bueno, si hubiera sido así le meto unos madrazos por rata, por rata, por mentiroso, por traicionero y por chismoso, y por puto de pilón, porque es puto el hijo de la chingada, aunque él lo niegue.

EL JJ FUE RECLUIDO en el penal del Altiplano, en Almoloya de Juárez, Estado de México, donde también se encuentra preso Édgar Valdez Villarreal.

VI. A la caza de *La Barbie*

La Policía Federal tenía razones bien fundadas para concentrar a sus equipos de inteligencia en los estados de México y Morelos a fin de seguirle la pista a Édgar Valdez Villarreal y a sus sicarios, aunque desde luego hubo pesquisas en otras entidades.

Tras enterarse de la detención, el 21 de abril de 2010 en Huixquilucan, Estado de México, de Gerardo Álvarez Vázquez, *El Indio*, amigo y socio de Édgar Valdez Villarreal, el grupo de *La Barbie* decidió trasladarse a Morelos y alojarse en domicilios que *El Indio* no conociera, ante el temor de que en su declaración revelara sus ubicaciones exactas. En unas camionetas blancas llegaron el 22 de abril a una casa de seguridad en el municipio de Amacuzac. Pero al otro día, el 23 de abril, en la localidad de Las Palmas de dicho municipio, la Policía Federal aprehendió a Jorge Luis Herrera Trujillo, *El Panda*, junto con otras 14 personas, todos ellos miembros de la organización de *La Barbie*. Se les aseguró un "pequeño" arsenal: cuatro granadas de fragmentación, cuatro cargadores para fusil AK-47, un cargador para Lugger 9 mm, un fusil AK-47, un arma corta Lugger 9 mm, un arma corta "hechiza" (fabricada por ellos), 29 cartuchos 9 mm, 125 cartuchos calibre 762 x 39 mm, un cartucho calibre 45 mm, cinco grapas, un machete, un salpa picos, seis palas, una barreta y seis chalecos camuflaje. Además, fue ubicado Gonzalo Mena Pardiño, *Cabezas*, quien realizaba funciones de sicario. Estos individuos confesaron haber dado protección a *La Barbie* hasta el momento en que *El Indio* fue arrestado.

Mena Pardiño manifestó haber sido oficial del Ejército destacamentado en Morelos, y que posteriormente se integró al cártel de Arturo Beltrán Leyva al ponerse al servicio de los hermanos Pineda Villa. Cuando éstos murireron, quedó bajo las órdenes de *La Barbie* como encargado de la seguridad y distribución de droga en la entidad. Confesó haber participado en 20 ejecuciones en Morelos y que les colocaba a sus víctimas narcomantas en apoyo a *La Barbie*.

Otro de los identificados fue Irving Eduardo Solano Vera, *El Gato* o *Bicho*, principal operador de la organización de *La Barbie* en Morelos. Solano Vera era agente adscrito con un grado operativo a la dirección de la Policía Ministerial en el Grupo de Investigación Homicidios, en el municipio de Cuautla, Morelos, a la que se había incorporado el 8 de enero de 2005. El 10 de junio de 2009 ya lo habían detenido junto con otros nueve policías ministeriales por sus vínculos con la organización de los Beltrán Leyva. Su función principal: brindar seguridad.

Así pues, la estructura de la organización de *La Barbie* estaba recibiendo fuertes sacudidas. Él, sin embargo, aún no sospechaba cuán cerca le seguían los pasos...

Cinco semanas de fiera persecución

LAS INVESTIGACIONES de la Policía Federal la condujeron a la zona residencial de Las Brisas, en Acapulco, donde Édgar Valdez Villarreal tenía una de sus casas de seguridad, no exenta de lujos y comodidades: alberca, salas al aire libre, salón de juegos con dos mesas de billar, palapa y una envidiable vista al mar. El 24 de julio de 2010 se estableció una vigilancia permanente en el área, las 24 horas del día, ya que sabían que el 26 de julio sería el cumpleaños de la esposa de *La Barbie*, quien había viajado desde Estados Unidos para celebrarlo. Los investigadores habían obtenido datos de la zona de operación de *La Barbie*, pero aún desconocían la ubicación exacta de su escondite y era probable que se apareciera en la casa referida.

La vigilancia rindió sus frutos cinco días después... El 29 de julio fueron detenidos cuatro sujetos que viajaban en un vehículo blindado; se trataba de Juventino Zavaleta León, Renato Cervantes Mosqueda, José Alberto Álvarez Parra y Fernando Ernesto Villegas Álvarez. Se les decomisó un automóvil BMW tipo X5, seis granadas de fusil calibre 40 mm y una de fragmentación. Los detenidos afirmaron que en la calle Carabela del fraccionamiento Brisas del Márquez, en Acapulco, estaba *La Barbie*, que ellos eran parte de su círculo de seguridad.

Ese mismo día, más de 60 agentes de la División de Inteligencia llegaron al domicilio y lo rodearon. Sabían que a *La Barbie* lo cuidaban hasta 20 sujetos fuertemente armados y que tenía la capacidad de reunir a más de cien gatilleros en cuestión de minutos en el puerto de Acapulco. El despliegue de los agentes fue por aire y tierra, casi quirúrgico, sólo que el capo no estaba. Únicamente localizaron a su esposa y sus dos pequeños hijos, los tres de nacionalidad y residencia estadounidense.

La suerte estaba de lado del capo, pues ese día había salido muy temprano a jugar pádel a un club cerca del Hotel Princess, en la zona dorada de Acapulco, en compañía de tres hombres: Aarón Arturo Ginez Becerril, su contador; Carlos Montemayor, *El Charro*, su suegro, y un sujeto de origen colombiano con el que hacía negocios.

A partir de ese momento, la acción para capturar a Édgar Valdez Villarreal recibió el nombre en clave de "Operación Juguete". La Policía Federal consiguió datos precisos que al final le posibilitaría la captura: documentos, números telefónicos, computadoras portátiles y fotografías. En una de las fotos aparecían sus hijos durante unas vacaciones en un famoso parque de diversiones en Orlando, Florida; estaban con dos mujeres, de unos 40 y 18 años, respectivamente; más adelante los agentes descubrirían que se trataba de Marisela Reyes Lozada y Maritzel López Reyes, quienes también caerían semanas después junto con *La Barbie*.

Los investigadores rastrearon a *La Barbie* hasta el Hotel Princess; contaban con información que indicaba que Édgar Valdez Villarreal, al enterarse de la incursión a su domicilio, se había refugiado en ese lugar. En plena temporada vacacional de verano, el hotel estaba lleno; la mayoría de sus huéspedes eran extranjeros. Los agentes se hicieron pasar como turistas y en parejas entraron al hotel. Buscaron a *La Barbie* durante 24 horas, pero jamás lo vieron. En realidad, carecían de pruebas contundentes sobre su ubicación. Por otro lado, resultaba muy arriesgado continuar revisando el hotel, dada la gran cantidad de visitantes. Se decidió suspender cualquier cateo o incursión.

Los agentes antidrogas no bajaron los brazos. Sabían que no todo estaba perdido, pues tenían conocimiento de más casas de seguridad del capo, una de ellas en el centro de una de sus zonas de operación: el municipio de Tequesquitengo, Morelos. Así que tanto en el centro como en la zona hotelera se montó un operativo para reiniciar la búsqueda; día y noche los agentes acudían a bares, restaurantes, antros, simulando ser paseantes o lugareños. Pero nada. Édgar Valdez Villarreal no aparecía.

Transcurrieron otros cinco días cuando los agentes se enteraron de que *La Barbie* había sido visto en el Hotel Santa Bárbara. Personal del Grupo Especial de Operaciones se alistó para ingresar por él, mas el operativo no tuvo éxito. No se encontraba allí. Al cabo de unas semanas, luego de ser capturado, *La Barbie* narró que ese día estaba escondido en una casa del otro lado del lago de Tequesquitengo y que desde ahí había contemplado los helicópteros Black Hawk de la Policía Federal.

Una vez más, Édgar Valdez Villarreal se había escabullido. Ahora, no obstante, tomó una decisión crucial: retiró a su equipo de seguridad, que por momentos era de 20 pistoleros fuertemente armados con lanzagranadas y rifles de asalto cortos MP5, unas de sus armas favoritas. *La Barbie*, al ver que la Policía Federal siempre se acercaba a sus escondites, supuso que alguien lo estaba traicionando, o "poniendo", como se dice en el argot criminal. De modo que optó por huir a una de las zonas donde operaba en la Ciudad de México. Se refugió en otra de sus casas de seguridad, un departamento ubicado en la ostentosa colonia Bosques de las Lomas. La Policía Federal, empero, también sabía de ese lugar y de otra residencia situada en el municipio de Atizapán de Zaragoza, Estado de México, aunque tampoco tenía los domicilios exactos.

De nuevo comenzó la labor de vigilancia y seguimiento. En el área de Bosques de las Lomas, la cacería duró dos semanas. Agentes encubiertos la rondaban disfrazados de comerciantes, vecinos, parejas de novios, vendedores ambulantes, boleros y hasta limpiaparabrisas. Cierto día, dos de ellos repararon en un vehículo gris en el que viajaban tres sujetos en una actitud sospechosa, como cuidándose. Era un Mazda de modelo reciente con placas del Distrito

Federal. Cuatro días más tarde, el mismo auto fue visto sobre una de las principales avenidas de Santa Fe, un moderno corredor corporativo de la Ciudad de México aledaño a Bosques de las Lomas. En aquella ocasión había agentes vigilando en un auto. Eso llamó la atención de los hombres del Mazda, quienes maniobraron para regresar a ver a sus ocupantes. Tal actitud hizo pensar a los federales que en el Mazda viajaba gente de *La Barbie*.

Resulta que el vehículo entraba a un complejo de edificios que se hallaba en la avenida Paseo de Tamarindos de Bosques de las Lomas. Dato suficiente para que el 9 de agosto más de 250 policías federales tomaran el edificio adonde se suponía que ingresaban los tripulantes del auto gris. Un helicóptero vigilaba la operación. El acceso al complejo de departamentos de lujo fue cerrado. Nadie entraba o salía sin que lo revisaran. A través de las redes sociales, algunos vecinos mencionaron que habían oído disparos. Todo esto aconteció a eso de la una de la tarde.

Personal de operaciones especiales de la Policía Federal se había apostado ya en puntos estratégicos para evitar un ataque sorpresa o la fuga del capo. Los minutos transcurrían en medio de una gran expectación. Cualquier cosa podía suceder. Los federales revisaban piso por piso de ese edificio, así como dos puntos adicionales localizados en Bosque de Tabachines número 212. Nada. No encontraban nada. No fue sino hasta que irrumpieron en el departamento 1006 cuando dieron con pistas. Aunque abandonado, el inmueble guardaba datos importantes: anteriormente lo había ocupado el hijo de 16 años de Gerardo Álvarez Vázquez, *El Indio.*

El Indio, que para entonces llevaba varios meses preso, había sido uno de los lugartenientes de Arturo Beltrán Leyva y se hizo compadre de *La Barbie*, según declaró este último. Ya se relató en un capítulo previo que, tras la muerte de *El Jefe de Jefes*, *El Indio* se unió a *La Barbie* para pelear contra Héctor Beltrán Leyva, *El H*, y Sergio Villarreal Barragán, *El Grande*, por el control del cártel.

En el departamento del hijo de *El Indio*, un dato hizo que la policía saliera de inmediato: *La Barbie* sí vivía en el área, pero no en ese edificio sino en el de enfrente, en Bosque de Tabachines número 204, departamento 804. Sólo que ya habían pasado más de cuatro horas desde el inicio del operativo. Los agentes federales observaron que un individuo salió corriendo por la parte trasera del condominio e intentó llegar a un talud y ocultarse. Finalmente lo atraparon. El hombre confirmó que *La Barbie* había estado en el departamento 804, pero que había escapado cuando vio que los federales llegaban al edificio de enfrente, a la propiedad de su compadre *El Indio.*

Por tercera vez, en menos de tres semanas, la suerte estaba del lado de *La Barbie.*

En el departamento había notas de ropa que Valdez Villarreal había comprado recientemente. Eran de marcas de diseñador, porque le gustaba usar prendas caras, a la moda. Quienes lo conocieron aseveran que era pulcro y refinado. El departamento, rentado, estaba a nombre de una persona del estado de Jalisco; medía alrededor de 200 metros cuadrados, tenía una mesa de ping-pong, tres pantallas de plasma, una sala y una cama matrimonial. También fueron localizados documentos y anuncios de algunas viviendas que aparentemente pretendía arrendar o ya tenía rentadas. Una estaba en avenida Las Águilas número 1869, delegación Álvaro Obregón; otra, en la colonia residencial Lomas de Tarango, y una tercera en la zona más popular de la colonia Coyuya, delegación Iztacalco, todas en el Distrito Federal.

Con base en las nuevas evidencias, se amplió la vigilancia a esos tres puntos y se intensificó en la zona hotelera y comercial de Santa Fe, pues cabía la posibilidad de que, debido a la presencia de la policía, *La Barbie* no hubiera salido de la zona.

A medida que transcurrían los días, los 60 agentes que participaban en la investigación comenzaban a cansarse. Se estaban desesperando; sentían que cuando ya casi atrapaban al capo se les escurría como pez entre las manos. Y además debían soportar la creciente presión de los mandos. Ahora, de nueva cuenta había que estar alertas en un semáforo, en cualquier esquina, sobre una banqueta, caminando durante horas dentro de los centros comerciales, tomando decenas de tazas de café en algún restaurante, siempre pendientes de que *La Barbie* o alguno de sus cómplices asomaran la nariz. En cualquier momento cometería un error: tenía que salir a comer o buscar aimentos, o ir a comprar su ropa de buena de marca y cara que tanto le gustaba.

Para ese momento, la División Antidrogas de la Policía Federal sabía que *La Barbie* no contaba con su cuerpo de seguridad, el que acostumbraba emplear en Acapulco, integrado por 20 hombres. Ahora sólo lo acompañaban su hombre de confianza y encargado de sus finanzas, Aarón Arturo Ginez Becerril, y un colombiano, su socio.

En los domicilios los investigadores ubicaron a personas claves en la investigación: los hermanos López Reyes y su madre Maricela Reyes Lozada. A Juan Antonio López Reyes lo vieron por primera vez el 11 de agosto sobre la avenida Centenario, en la colonia Bosques de Tarango; se dirigió a un domicilio en la calle de Puente Colorado de la delegación Álvaro Obregón. Después al domicilio de Las Águilas 1869, colonia Lomas de Guadalupe. Se movía solo o con uno de sus hermanos, Mauricio, en un automóvil Malibú color arena con placas del Estado de México. También se movía a la calle de Coconetla, en la colonia Coyuya.

En este lugar, por primera vez los agentes también vieron físicamente a las mujeres que aparecían con los hijos de *La Barbie* en las fotografías aseguradas en su casa de Acapulco el 29 de julio; se trataba de Maricela Reyes Lozada y su hija Maritzel López Reyes. Viajaban en un vehículo Focus blanco con placas del Distrito Federal. En ocasiones las mujeres llegaban en taxis pintados de blanco y logotipos en rosa, los cuales tenían su base en el Estado de México. Los investigadores, pues, se enfrentaron a una nueva incógnita: debían resolver si *La Barbie* estaba en la Ciudad de México o en el Estado de México.

Pero de lo que no había duda era que ese grupo trabajaba con *La Barbie*. Ello los alentó. Sólo era cuestión de tiempo para hallar su escondite.

Durante una de las jornadas de vigilancia fue visto en el domicilio de Las Águilas 1869 el Mazda gris con placas del Distrito Federal —218XCU—. Lo conducía nada menos que el hombre de confianza de *La Barbie*, Aarón Arturo Ginez Becerril, quien, como se ha visto, lo venía acompañando desde el puerto de Acapulco, tras los hechos del 29 de julio.

Los agentes siguieron a Aarón hasta la zona de la delegación Xochimilco, al sur de la capital del país. Al parecer, vivía en el exclusivo fraccionamiento Jardines del Sur, donde también se montó un punto de vigilancia durante varios días. Se movía principalmente en las colonias del área de Villa Coapa. Las investigaciones señalaban que en ciertos bares, centros nocturnos y "antros" *La Barbie* era el principal distribuidor de drogas y enervantes; Ginez Becerril se encargaba de cobrar.

Sin embargo, pese a todos los esfuerzos, Édgar Valdez Villarreal simplemente no aparecía. No habría bastado con capturar a su gente, a la que para la cuarta semana de pesquisas de la "Operación Juguete" ya la habían identificado plenamente. Los agentes estaban hechos un manojo de nervios. Llevaban casi un mes sin descansar.

Otra de las zonas con vigilancia permanente eran los centros comerciales del sur del Distrito Federal. Según los investigadores, esos lugares son de los favoritos de los delincuentes para reunirse, comer o hacer negocios; es común que se vean en algún pasillo de los estacionamientos, entreguen las llaves de sus autos y el boleto de entrada, y después se los regresen cargados de droga, dinero o armas, o simplemente canjean los vehículos. El bullicio y constante movimiento de personas los hace pasar inadvertidos.

A eso de las dos de la tarde del 30 de agosto de 2010, Aarón Arturo Ginez Becerril salió de su domicilio en la delegación Xochimilco, tomó la avenida Prolongación División del Norte, cruzó por la Glorieta de Vaqueritos y continuó por el Anillo Periférico en dirección al norte de la ciudad. Le seguían los pasos muy de cerca cuatro elementos de la División Antidrogas de la Policía Federal, de lo cual el sujeto se dio cuenta durante el trayecto. Así que imprimió mayor velocidad a su Mazda gris. En su loca carrera, tomó la lateral del Periférico a la altura del Centro Comercial Perisur. Los agentes involucrados aseveraron que el hombre llevaba una granada de fragmentación en la mano y en más de una ocasión amenazó con lanzarla. Dos policías que estaban de pie en la zona vieron que ingresaba a un retorno para tomar la avenida Zacatépetl y le dispararon. Ginez Becerril, herido, perdió el control y casi voltea su vehículo. Los agentes pidieron apoyo y una ambulancia. Los rescatistas aún lo encontraron con vida y rápidamente le brindaron los primeros auxilios. Tenía un impacto a la altura del pulmón derecho. Vestía zapatos tenis, un juego de pants color blanco y playera verde. Varios medios de comunicación llegaron a cubrir la noticia del tiroteo en el Periférico.

La labor de los rescatistas fue inútil, pues el sujeto murió sobre el asfalto. El auto gris tenía tres impactos, dos del lado del piloto y uno más en la puerta trasera derecha. En su interior se localizó la granada de fragmentación, una pistola calibre 45 mm marca Glock y por lo menos 20 celulares, incluidos varios de tipo BlackBerry. Los hechos ocurrieron a las dos de la tarde con 10 minutos. Los policías federales, al percatarse de que el hombre que seguían había muerto, inmediatamente se lo avisaron a sus jefes. No era lo que esperaban. La "Operación Juguete" podría complicarse.

Mientras tanto, en otro de los puntos de vigilancia, en la zona de Lomas de Tarango, Maricela Reyes Lozada y su hija Maritzel habían salido hacia el Estado de México. Días antes, los agentes ya las habían seguido por el rumbo de la autopista México-Toluca, por lo que contaban con equipos que estaban pendientes desde la entrada de la caseta de cobro, la zona de La Marquesa, Jajalpa, Contadero, Los Encinos y la capital mexiquense. Aún desconocían el lugar exacto hacia donde se dirigían. Siempre se adentraban por caminos estrechos y brechas por donde era complicado seguirlas, ya que fácilmente podrían descubrir a los agentes.

Mas ese 30 de agosto el panorama había cambiado. Ante la muerte de Ginez Becerril no había tiempo que perder, porque pondría sobre aviso a *La Barbie*. Además, las autoridades no debían permitir que se recuperara del duro golpe que acaban de asestarle, aunque en esos instantes no sabían si aquél ya se había enterado de lo que acababa de pasarle a su amigo. Por lo menos, quizá le extrañaría haber perdido la comunicación con él.

De manera que la orden fue seguir a las mujeres hasta su destino final. A bordo del Focus blanco entraron a la autopista, pasaron por la caseta y cerca de la zona de La Marquesa se metieron por un estrecho camino de tierra y piedra. Era la calle Nace Agua, en el poblado de Salazar, Ocoyoacac, Estado de México. Los agentes que las seguían era cinco: un comandante y cuatro elementos. Iban vestidos de civiles en una camioneta blindada. Antes de adentrarse en el camino se pusieron chalecos antibalas y pantaloneras para protegerse por si se daba un enfrentamiento. Eran conscientes de que no iban en pos de cualquier delincuente, sino de uno de los hombres más buscados en México y Estados Unidos. Dieron la alerta a otro grupo de operaciones especiales concentrado muy cerca allí. En el Centro de Mando de la Ciudad de México también se mantenían atentos.

Eran casi las seis de la tarde.

La camioneta con los cinco federales tomó el camino estrecho y a los pocos metros vieron tres vehículos; al frente iba un Cruze negro de modelo reciente. Cuando los tuvo cerca, el comandante descendió con su arma en la mano, haciendo dos disparos de advertencia.

Sin lugar a dudas, en el asiento del copiloto iba Édgar Valdez Villarreal.

Entonces, siempre apuntándole, le ordenaron:

—¡Bájate, cabrón! ¡Policía Federal, estás detenido!

LO QUE SUCEDIÓ en seguida sorprendió a los policías federales, que no podían permitirse ningún descuido ni distracción... *La Barbie* obedeció en el acto sin oponer resistencia.

Lo sometieron mientras el resto de sus acompañantes permanecían en el interior de los otros autos. Se trataba de las mujeres del Focus blanco y los hermanos López Reyes, que iban en un Malibú color arena. Ambas unidades y sus tripulantes habían sido claves en la operación.

Los agentes condujeron a Valdez Villarreal metros atrás, a la finca donde se había escondido apenas cinco días antes. Justo entonces comenzaron a llegar los refuerzos y rodearon la propiedad en busca de más personas, gatilleros, los hombres que lo cuidaban. *La Barbie* les aseguró que no había nadie más, que ahora se movía solo, que su estrategia de seguridad había cambiado ante la sospecha de una traición. Que sólo se hacía acompañar por un par de hombres: Arturo Iván Arroyo Salas y Jorge Valentín Landa Coronado.

Después, los federales subieron a Valdez Villarreal a la

camioneta blindada que lo había interceptado. El comandante lo custodió personalmente. A éste *La Barbie* le contó que cuando se le cruzaron pensó que eran integrantes de La Familia Michoacana, pues el lugar es su zona de operación. Como iban vestidos de civiles nunca imaginó que eran policías. Por eso no opuso ninguna resistencia. Asimismo, señaló que sentía que estaba cerca su captura y ya estaba cansado de esconderse; que cuando lo aprehendieron se dirigía a la Ciudad de México, a la colonia Lomas de Tarango, donde vería una casa que iba a rentar para seguir ocultándose. La casa de Salazar era propiedad de unos colombianos, que ese día se encontraban allí, pero al ver el operativo corrieron al monte, según narraron cuando al cabo de unos días también los arrestaron.

El responsable de la operación y captura pidió un helicóptero Black Hawk para trasladar al capo. Era preciso sacarlo de ahí inmediatamente. Todavía no daban crédito a que el ex lugarteniente de Arturo Beltrán Leyva anduviera sin protección. Los agentes temían ser emboscados, aquel lugar era propicio para ello. Estaba oscureciendo. En cuestión de minutos más de 150 elementos de la División de Inteligencia y de la coordinación de Fuerzas Especiales habían arribado para apoyar.

Los otros detenidos le proporcionaban a *La Barbie* víveres, ropa, vehículos y casas de seguridad rentadas. Contactaron a Édgar Valdez Villarreal a través de Aarón Arturo Ginez Becerril, a quien conocieron en un "antro", pues los hermanos López Reyes eran amantes de la vida nocturna y frecuentaban algunos de los lugares donde *La Barbie* y su gente distribuían drogas. Aarón los invito a trabajar para el cártel.

Édgar Valdez Villarreal refirió que, en los días previos a su captura, "me dormía a las cuatro de la mañana; me levantaba a la una o dos, checaba las noticias, normal. Pues ya ahorita no me daba mucha cuenta porque [...] corté todos los radios, [...] corté mi comunicación".

Así concluyeron las cinco semanas que duró la "Operación Juguete", una cacería que inició en Acapulco y terminó en un pequeño poblado del Estado de México.

Beneplácito de la embajada de Estados Unidos

DADO QUE *La Barbie* era uno de los hombres más buscados por Estados Unidos, la reacción de la embajada de ese país al enterarse de su aprehensión fue inmediata y emitió el siguiente boletín:

> México, D.F., 1° de septiembre de 2010—El Embajador de Estados Unidos en México Carlos Pascual felicita al gobierno de México y a la Policía Federal por la captura de Édgar Valdez Villarreal, *La Barbie*, resultado de una operación de inteligencia conjunta a largo plazo que tenía como objetivo la captura de uno de los narcotraficantes más violentos de la historia. Tanto en

México como en Estados Unidos hay múltiples cargos criminales pendientes en contra de Valdez Villarreal.

"Las agencias de procuración de justicia mexicanas están demostrando claramente resultados en sus esfuerzos por desmantelar a las organizaciones del narcotráfico y brindar una mayor seguridad a la gente en México", aseguró el Embajador Pascual.

El embajador elogió la determinación de las agencias de procuración de justicia mexicanas, en particular la Secretaría de Seguridad Pública (SSP), que culminó con los arrestos del 30 de agosto en el Estado de México, donde fueron capturados Valdez Villarreal y seis más de sus presuntos cómplices. El arresto de Valdez Villarreal es el más reciente en una serie de operaciones exitosas que han propinado duros golpes al crimen organizado en México, tales como los golpes de las fuerzas armadas mexicanas a Ignacio *Nacho* Coronel y Arturo Beltrán Leyva, la captura de Eduardo Teodoro *El Teo* García Simental, y el arresto de numerosos jefes de plaza a lo largo de las líneas de los cárteles.

La organización dedicada al narcotráfico de Valdez Villarreal fue considerada alguna vez como una de las organizaciones criminales más poderosas y violentas de las que operan en México, con células de distribución en todo Estados Unidos. Posteriormente a su ruptura con el Cártel de Sinaloa en 2008, el cártel de Arturo Beltrán Leyva fue responsable por la manufactura, adquisición, almacenamiento, importación y distribución de varias toneladas de cocaína, metanfetaminas y mariguana de México a Estados Unidos. Asimismo, fue responsable por la transportación de millones de dólares de E.U. a México.

El cártel Beltrán Leyva fue responsable de la adquisición de armas y municiones de Estados Unidos para perpetrar sus crímenes violentos que contribuyen a su vez con el alza de la violencia en México, en particular en los estados de Guerrero, México y Morelos. De manera rutinaria, los miembros de este cártel cometieron secuestro, tortura, asesinato y otros tantos actos de violencia, muchos de ellos perpetrados contra oficiales mexicanos de procuración de justicia.

Valdez Villarreal es ciudadano de Estados Unidos, nacido en Laredo, Texas, era un miembro de alto nivel del Cártel Beltrán Leyva, y recientemente emprendió una guerra sangrienta contra el hermano sobreviviente de Arturo, Héctor Beltrán Leyva, luchando por obtener el control del cártel que dejó a su muerte Arturo en diciembre de 2009. Además de los cargos que le imputa la justicia mexicana, Valdez Villarreal es sujeto de acusaciones en documentos presentados públicamente en juzgados del Distrito Norte de Georgia y el Distrito Este de Luisiana.

Dos colombianos implicados

COMO se indicó líneas antes, *La Barbie* se dio cuenta de que su radio de movilidad iba cerrándose a medida que los agentes avanzaban a pasos agigantados en las investigaciones sobre su paradero. Es probable que una de las señales más claras que recibió de que estaba por caer se dio hacia el 10 de agosto de 2010, cuando, después del operativo de Bosques de las Lomas, que hizo mucho ruido en los medios, el procurador de Justicia del Distrito Federal, Miguel Ángel Mancera Espinosa, salió a dar entrevistas sobre una acción que era de la Policía Federal. El mismo presidente de la República, Felipe Calderón Hinojosa, no se quedó atrás y a través de Twitter anunció que pronto la Policía Federal capturaría a un importante narcotraficante.

En esos días, Édgar Valdez Villarreal no estuvo solo del todo. Ya se señaló que contó con personas que lo ayudaban a cubrir sus necesidades básicas. Por otra parte, tras el operativo en Paseo de Tamarindos, *La Barbie* acudió a unos colombianos, viejos conocidos, para que le proporcionaran una nueva casa de seguridad que nadie relacionara con él. Y sí: lo apoyaron; le prestaron una casa en el referido poblado de Salazar, Estado de México.

Los colombianos eran los hermanos Víctor Emilio y Dairo Valencia Espinosa, dueños del chalet en cuyas inmediaciones fue aprehendido *La Barbie*. La Policía Federal los apresó en la Ciudad de México el 10 de septiembre de 2010, en cumplimiento de una orden de arresto con fines de extradición a Estados Unidos por lavado de dinero.

Cuando acudió a los hermanos Valencia, *La Barbie* sabía que no podían negarle ayuda, ya que le debían más que un favor: le debían estar con vida. Víctor Emilio y Dairo son hermanos del narcotraficante Leyner Valencia, quien trabajaba para el capo Miguel Solano, también colombiano, del Cártel El Norte del Valle. Leyner Valencia era el enlace de Arturo Beltrán Leyva con los productores de cocaína de Colombia. Actualmente está recluido en Estados Unidos por cargos de narcotráfico.

Víctor Emilio Valencia Espinosa, *El Doctor*, de 43 años, llegó de Colombia a la Ciudad de México en 1986 a estudiar medicina, y luego las especialidades en hemología y cirugía torácica. Relató que su hermano se reunía con Arturo Beltrán Leyva en Cuernavaca, Morelos. Recuerda que Arturo "era un señor amable, tranquilo, sonriente [...] con mucha gente armada alrededor".

Pues bien, aparte de ser el enlace con los traficantes de cocaína de Colombia, los hermanos Valencia enviaban el dinero en efectivo: "En televisores [...], cuando no había plasmas", dijo Víctor Emilio a la Policía Federal. "Nos dirigíamos a Tepito, compraba yo el televisor, le quitábamos [...] la tapa de atrás y metíamos el dinero, luego cerrábamos y [donde están] las rendijas, le poníamos un papel negro; se asemejaba como si se viera negro hacia adentro, así es como comenzamos a bajar dinero."

Pero un día la situación se complicó para los hermanos Valencia: "Conocí a *La Barbie* porque cuando a mi hermano [Leyner] lo agarran hace cinco años, seis años, entonces como a los 15 días agarran a una señora aquí, [...] no me acuerdo cómo se llama, [creo] que la *Reina del Pacífico*. Entonces, en el periódico *Universal* de esa época, los tres días que ella salió, salió que yo y mi hermano, que estábamos aquí, éramos informantes de la DEA y que habíamos entregado a la señora, que para ayudar a mi hermano que estaba en Estados Unidos. Entonces nosotros decidimos contactar como sea a *La Barbie* para que nos ayudara, intentamos pedirle que nosotros no éramos informantes, que nosotros no éramos absolutamente nada. Y de esa época hasta ahorita todo ha sido así, igualito".

POLICÍA FEDERAL: *¿Cómo conoce a Édgar Valdez?*

VÍCTOR EMILIO VALENCIA: —Nosotros lo vimos una vez en Acapulco, iba en una moto, pasó, entonces todo mundo decía que era *La Barbie*. Sabíamos que él era como el armado del "señor", entonces cuando dijeron que nos iban a matar, [...] decidimos buscarlo a él, porque nosotros ya no pensábamos que don Arturo nos iba a creer o algo, o si nos citaba cómo nos iba a ir o si nos mataba, y más por lo que salió en el periódico. No fue fácil hacer contacto con *La Barbie*; buscando a un muchacho que creo también mataron en Acapulco, llamado *Chuky*, por intermedio de él le dijimos que si le podía decir al señor que nos recibiera una llamada [...], y él primero llamó y dijo que esperaran y luego [...] nos quedamos hasta que él nos recibió la llamada.

Los hermanos Valencia comentaron que tardaron alrededor de un mes en hacer contacto con *La Barbie*.

¿Hablaba con él?

—Sí, yo hablaba con él. Le conté que habíamos salido en el *Universal* y que pues le jurábamos que nosotros no éramos informantes y que nos estaban atacando muy duro, que no veía el motivo por qué, que si ya mi hermano estaba en la cárcel, que por qué, que cuál era el problema de que [a] nosotros nos estuvieran involucrando, de que nosotros éramos informantes.

¿Y fue fácil que él les creyera?

—Es que yo pienso que él sabía que eran mentiras que nosotros habíamos entregado a alguien, yo pienso que alguien le tuvo que haber dicho "Los agarramos así o de tal manera", entonces él pensó que no era así.

Y esta mujer que nos refiere como Reina del Pacífico*, ¿qué relación tenía con su hermano?*

—No sé absolutamente nada de eso, nada, pero nada es nada. [...] Yo creo que [...] en [ningún] expediente pueda decir que nos conoce o que me ha visto o que nos ha visto, no tengo absolutamente ninguna relación con la señora.

¿Usted había escuchado de ella antes?

—Escuché cuando dijeron que nosotros la habíamos entregado. Es más, [...] no sabía ni que había una señora que le decían la *Reina del Pacífico*, nunca supe.

Y después de la llamada que hicieron a Édgar Valdez, ¿qué sucede?

—No, él nos dijo que nos tranquilizáramos porque, pues, me da pena decirles, que nos vio ya muy preocupados [...], yo estaba casi llorando, y le dije que pues cómo nos iban hacer matar, que por qué hacían eso, que nosotros no teníamos nada que ver en eso, y él me dijo que me tranquilizara [...], y, es más, yo creo que estaba con don Arturo, y dijo [...] "Yo estoy aquí con el señor [...], no te preocupes", [...] o sea, él me dio a entender como si él supiera qué había pasado.

¿Y usted le creyó?

—Pues no era que me creyó, pero al menos nos sentimos más aliviados con el *brother*, porque el *brother* me decía: "¿Tú la entregaste?" "No, yo no la entregué" "Entonces, ¿cuál es el problema?" [...] Entonces nos quedamos tranquilos [...], obviamente escondidos, [...] porque ya en esa época también nos buscaban aquí.

Y entonces hablaban ustedes con Édgar Valdez Villarreal, alias La Barbie*, y ¿qué sucede después?*

—Nos comienza a decir que nos tranquilicemos, [...] y nunca volvíamos a hablar, que no era continuo ni nada [...]. Nos volvimos prácticamente unos inservibles, no éramos nada porque obviamente todo mundo pensaba que éramos informantes [...].

¿Cuándo se refiere a todo mundo, ¿de quién habla?

—Me refiero a todos los de don Arturo. El que más nos atacaba era *El Conejo* [...].

El Doctor señaló que estuvo en la casa del poblado de Salazar, Estado de México, un día antes de la captura de *La Barbie*. Afirmó que lo vio y, como de costumbre, Valdez Villarreal no se levantó temprano, sino alrededor de las dos o tres de la tarde. Que llegó a visitarlo a la casa que le había prestado. Que realizó sus actividades normales, como comprar pastura. "Yo llegaba en la tarde y él se levantaba, comía, y preguntaba cómo estaba todo, para después ver la televisión."

El colombiano narró la desesperación que lo invadió cuando se dio cuenta de que su antiguo salvador había sido capturado: "[Me puse] como loco, no sabía qué onda. Pues no sabía si correr [...]. Para empezar, no tenía a quién buscar [...]. Me quedé callado, no quería hablar con nadie. [...] Después hago contacto con mi hermano, pero él no quiere ni hablar ni nada, yo no me acuerdo bien cómo fue. [...] Yo comencé a vivir una vida tan normal, que pues para mí [fue] otra vez como un choque. [...] Hacía cinco años que me había pasado lo mismo. [...] Toda mi familia organizada, todo mundo bien, y de un momento a otro... Eso pues otra vez te pega duro. [...] Regresé a mi domicilio, mc acosté. De ahí no quise ver las primeras noticias. Lugo vi y supe que era real y dije: 'No, pues estamos en un problema'. Entonces ya comenzábamos [...] a pensar miles de cosas, que van a decir que fuimos nosotros, que nos van a matar, [...] que nosotros entregamos, que él se entregó, que es un pacto entre todos..."

¿Y cuál es la verdad?

—No, pues yo creo que lo agarraron, porque [...] nosotros no, nosotros la verdad nunca lo "pusimos" o dijimos algo, no tenemos nada relacionado con eso o tener alguien para decirle, no, nosotros no sabemos absolutamente nada. Pues yo digo que lo agarraron, ¿no? No creo que haya sido otra cosa, porque tampoco [...] nunca nos dijo [...]. Fue para que él nos dijera: "Oye, me voy a entregar o hablo...". Nunca, nunca, no hablaba nada de eso.

[...] Me encerré en un cuarto y con una depresión tremenda y tengo problemas de arritmia y ya me deprimí y me deprimí y ya...

POR SU PARTE, el otro hermano, Dairo Valencia Espinosa, también dio su testimonio a la Policía Federal:

POLICÍA FEDERAL: *Y teniendo conocimiento de que sus hermanos se dedicaban a negocios ilegales, ¿a quién conoce de ellos usted, que eran compañeros de ellos?*

DAIRO VALENCIA ESPINOSA: —Yo una vez fui a acompañar a mis hermanos, una vez, no varias veces, lo acompañé a donde un señor Arturo Beltrán.

Cuéntenos, ¿cómo fue la primera vez que lo conoce?

—Yo la primera vez que lo conocí fue en Acapulco, pero [...] la primera vez que el Señor [Arturo Beltrán Leyva] se dirigió hacia mí fue porque decían [...] que nosotros éramos colaboradores [de la] DEA, y que íbamos entregar a *Conejo*, y nos citaron allá. Mi hermano me dijo que yo tenía que ir que porque yo estaba metido en el problema, y ahí es [cuando al] señor *La Barbie* también por primera vez lo vi. Nos metieron a un cuarto, el Señor dijo que si era verdad que nosotros íbamos entregar al *Conejo*, que él tenía información, pues yo le dije que yo era hermano, porque él no me conocía, que yo era hermano de *Los Pirañas*, así nos decía el señor, [...] a mi hermano y al *Doctor*, y que yo no era ningún DEA, que yo hacía deporte. Me decía que, si yo era hermano de ellos, ¿por qué no hacía nada? Entonces [...] le dije que yo no hacía nada porque mis hermanos a mí me daban todo, y que yo no me involucraba en eso porque ellos me daban a mí. Y el Señor me miró y me decía: "Míreme a los ojos", yo lo miré, el Señor se fue. Se quedó nada más *La Barbie*, [que] me tocó un hombro [y dijo]: "No se preocupe, que no le va a pasar nada. Yo voy a estar pendiente de ustedes y yo no voy a dejar que los mate. Yo te creo", y me dijo que yo a qué me dedicaba y entonces le dije que antes de venirme cuando estaba joven yo jugaba futbol, jugaba en equipos profesionales en Colombia y que yo no era de la DEA, que yo no era informante de la DEA. Ahí los conocí por primera vez a todos; [...] el señor Arturo [se dirigió] ante mi persona y creo que fue la primera y la última vez. Yo no era amigo del Señor [Arturo Beltrán].

¿Y a La Barbie*?*

—[A] *La Barbie* [...] sí lo veía. Sí lo llegué a ver y sí viví agradecido de ese señor porque, [...] a pesar de que dicen de que era muy malo, pues a mí me salvó la vida [...].

Y después, ¿cuándo lo vuelve a ver, después de ese día?

—Después de ese día yo nunca volví a ver a ese señor, casi nunca. Era más amigo [de] mi hermano *El Doctor*, era el que hablaba más con ese señor, y yo sabía que hablaba con ese señor [porque] siempre le preguntaba que dónde estaba yo, y que por qué yo le sacaba la vuelta, o sea que no me gustaba verlo; entonces le decía a mi hermano que era un "huevoncito", que no, que era un huevón, que no me gustaba hacer nada, y que yo no iba nunca. Hasta hace poco lo volví a ver en Acapulco, volví a ver a ese señor *La Barbie* yo en Acapulco, hace tres meses o algo así.

¿En dónde lo vio?

—Lo vi en una casa, en una casa que [daba] como a la playa, ahí volví a ver al señor.

¿Cómo fue?

—Yo estaba allá. Mi hermano me dijo que fuéramos a Acapulco; yo fui y lo vi, me saludó [y me preguntó] que qué estaba haciendo, yo le dije pues que después de lo de mi hermano Leyner estábamos muy mal. [Me preguntó] si estaba haciendo deporte, y le dije que sí; me dijo que qué deporte me gustaba y le dije que el tenis, y entonces me dijo que si le podía enseñar, le dije que claro, que yo le enseñaba; dos veces practicamos, [...] y no lo volví a ver otra vez y yo me vine, y después mi hermano dijo que el señor *Barbie* otra vez le [había] pedido el favor de que si lo pudiera llevar al rancho, [...] que nosotros pues prácticamente que se la debíamos, ¿no?, que no le íbamos hacer nada o que no lo íbamos a entregar. Ahí volví a ver al señor *Barbie*.

¿Y en esa ocasión cómo fue?

—Llegué al rancho. El señor [...] se levantaba como que muy tarde. [...] Lo vi, lo saludé, me dijo que cómo estaba, le dijimos que muy preocupados. De pronto él nos insinuó que qué era, que fuéramos arreglando el problema porque las cosas estaban muy difíciles [...].

Ese día que platicó usted con La Barbie, *¿cómo lo nota usted?*

—Yo lo poco que conocí al señor es como muy frío y como muy... pues parece [que] habla y no, se le entiende muy poquito al señor. Y le dijo a mi hermano [...] que él sabía que ellos me querían a mí y que era mejor que me sacaran, que llegara pues a hablar con abogados o algo y que yo me fuera, y le dijo a mi hermano que él también se fuera, que las cosas estaban muy difíciles. Pero en sí él hablaba más con mi hermano que conmigo.

¿Cuántas veces llegó a verlo?

—Ahorita que está en el rancho mi hermano sí lo vi seis, siete, ocho veces, pero pues nunca él se entablaba una conversa [*sic*] conmigo así larga, no, y cuando entablaba una conversa [*sic*] era de que yo le explicara a él cómo era el futbol, que cómo se manejaba el futbol [...]. Pero conmigo otras cosas nunca hablaba el señor y siempre se iba a hablar con mi hermano, con *El Doctor*; preguntaba mucho que qué era de mi hermano el de allá [el que está preso en Estados Unidos], entonces nosotros le decíamos que lo habían condenado a 22 años de cárcel.

¿Pero preguntaba por qué, por temor, por miedo, por curiosidad?

—Pues yo pienso que más bien por investigarlo a uno, qué pensaba uno sobre querer ayudar a mi hermano [...]. Como le digo, yo con ese señor no tuve una relación así como de mi amigo [...]; eran mis hermanos los que tenían más relación con el señor.

Esa vez que nos cuenta que fue a Acapulco, ¿cuántos días estuvieron con él?

—Yo no estuve sino un rato con el señor. [...] Ese señor nunca o casi nunca decía dónde dormía o dónde se pasaba la noche. Entonces yo me vine y me hospedaba en un hotel con los que amo en otro sitio *[sic]* [...]. Uno iba a la casa de él y me decía [...] "Cualquier cosa que se te ofrezca, por acá estamos". Entonces yo le recalcaba que yo le agradecía a él que en ese momento pues nos salvó la vida [...]. En sí, yo sí le digo que lo noté nervioso, preocupado, no sé.

¿Y cuando conoció a La Barbie*?*

—*La Barbie* me pareció más joven, y [...] de todas formas también me dio miedo, pero era como: "No pasa nada, no pasa nada, ustedes tranquilos, ustedes tranquilos..." No me infundió tanto miedo como el otro señor; cuando vino y me tocó el hombro sí la verdad sí me dio muchísimo miedo, pero el señor se fue y después llegó otra persona, no sé quién, un escolta, y me dijo [...] que si quería comer algo [...] o que si quería tomar algo [...] Lo que sí sabíamos de antemano era que yo le decía a mi hermano al *Doctor* [...] que, si al fin y al cabo se le debía la vida prácticamente a él, pues yo pienso que mi hermano también diría "Pus [*sic*] nos va utilizar ahoritita, prestémosle donde quiere". Pus [*sic*] eso es lo que sé de ese señor. Poco sé.

Antes de esta ocasión que nos comenta que llegó al rancho, ¿él ya había ido a ese lugar?

—No; que yo sepa, nunca; ese señor nunca había ido

allá que yo sepa; mi hermano siempre me contaba; que yo sepa el señor ése ni conocía por allá [...].

¿Cómo es que él llega ahí? ¿Ustedes van por él, o cómo es que él llega a ese lugar?

—El que sabe cómo llega ahí más que todo es mi hermano; mi hermano es el que sabe todo, porque es que yo con el señor no... Cuando mi hermano viene y me dice que *La Barbie* está allá, me dice [...]: "Es bueno que lo vayas a saludar, de pronto va a pensar cosas", porque el grave problema que teníamos nosotros o tenemos nosotros es que todo el mundo dice que somos "sapos", que somos colaboradores del DEA, entonces siempre nosotros hemos vivido con ese miedo ante él y ante todo el mundo, que siempre, desde que cogieron preso a mi hermano, "no, que tú eres del DEA y son del DEA, y son del DEA, y son del DEA, y le dan información al DEA". [...] El señor era muy seco, [...] muy serio, y si iba a hablar era con mi hermano; conmigo no hablaba casi el señor.

Los días que usted fue a saludar a La Barbie en el rancho de su hermano, ¿cómo podría describirnos que lo veía?

—Pues, yo veía a ese señor normal. Salía, conversaba con mi hermano y cuando regresaba me decía que decía él que teníamos que arreglar las cosas, que porque todo estaba muy difícil y después yo iba a decir algo, dónde estaban ellos, y él se sentaba a ver la novela o a ver el noticiero; era muy seco, muy serio el señor [...].

¿Le gustaba ese canal, o bueno, los días que estuvo ahí?

—Las veces que lo vi estaba viendo ese canal, y cuando yo me iba [me decía mi hermano] que cuando estaba viendo las novelas [...] no hablaba; [yo le] decía: "Ah, bueno, entonces me despides de él" [...].

Ahora, [...] ¿dónde estaba usted cuando se entera que detuvieron a Édgar Valdez?

—Yo estaba por Bosques; cuando me di cuenta [...] me asusté mucho por mi hermano.

¿Y qué hace usted?

—Yo comienzo a llamar a mi hermano y no me contestaba, porque nosotros casi ya no cargábamos celulares. Entonces le dije a mi esposa que le llamara a la esposa de él, que yo estaba asustado, que qué había pasado. Entonces dijeron que él estaba bien y que habían cogido a ese señor; yo sentí descanso, pero en el mismo momento sentí mucho miedo y comenzamos a llamar a abogados que teníamos en Estados Unidos. Pensé en mis hijas, pensé en que ya faltaban dos días para de pronto irnos, pensé que de pronto era ese señor *La Barbie* que nos había mandado matar, pensé muchas cosas; no puedo decir que yo vi a ese señor haciendo algo, pero la fama que tenía era mucha y yo me imaginé miles de cosas. Me dio mucho susto cuando ya nos agarraron.

¿Una captura verosímil?

EN LOS DÍAS que siguieron al 30 de agosto de 2010 surgió toda una serie de especulaciones en torno a la captura de *La Barbie*: que si se había entregado, que si lo habían sorprendido dormido, que si sencillamente ya lo tenían y consideraron que ese día era oportuno darlo a conocer… Incluso, por ahí se dijo que lo habían descubierto por casualidad luego de un incidente de tránsito.

El escepticismo permeaba a los medios y a la sociedad en general.

A mí personalmente me parecía imposible creer que *La Barbie* se hubiera entregado de esa manera tan fácil… ¿dónde había quedado el carácter temerario que lo distinguía? No obstante, dado que llevo años cubriendo la fuente policiaca, pude acercarme a personas que participaron en las pesquisas y, sin que me revelaran su identidad, conversé con ellos. Una de mis inquietudes era saber cómo había sido posible que atraparan sin realizar un solo disparo a uno de los sicarios más encarnizados y entrenados. Fue entonces cuando me contaron los pormenores de la operación. Para corroborarlos, decidí hacer mis propias investigaciones; incluso analicé y cotejé declaraciones del mismo Valdez Villarreal. En efecto, lo que me dijeron coincidía con mis hallazgos.

La incredulidad de muchos era comprensible. Para empezar, era de sorprender que fue un grupo relativamente reducido de agentes los que se concentraron en detener a *La Barbie*, sobre todo en las últimas cinco semanas, las más intensas y desgastantes para ellos. Luego, hasta el mismo policía federal que lo detuvo y le gritó "¡Bájate, cabrón!" refirió que no concebía tener ante sus propios ojos a *La Barbie*, verlo descender de su vehículo y responder sumisamente:

—Está bien, está bien. Sí, yo soy *La Barbie.*

Aquel momento estuvo lleno de adrenalina para los cinco agentes que lo interceptaron: se les vino a la mente que se hallaban en medio del bosque, frente a un narcotraficante que en Acapulco era capaz de congregar en cuestión de minutos a decenas de hombres armados para defenderlo, sin saber qué tan desmembrado estaba ahora, conscientes de que podían ser víctimas de un ataque y dejar ahí sus vidas. Pese a que luego les informaron que las fuerzas de apoyo federales iban en camino y que un Black Hawk acababa de despegar para ir a su encuentro, la tensión era mucha, y el riesgo, mayor.

Ante la circunstancia, el comandante federal tomó una decisión osada pero firme:

—¡No voy a esperar! ¡Yo me voy con éste! ¡Vámonos, vámonos!

Subió a *La Barbie* a la camioneta blindada y se alejó del lugar. Ya en la autopista hacia la Ciudad de México se les unieron patrullas de la Policía Federal de Caminos.

El mismo Édgar Valdez Villarreal fue otro de los sorprendidos. Más tarde declararía: "La verdad, como los vi de civiles [...], yo pensé que era gente de La Familia Michoacana [...] que ya me habían ubicado, y pues qué iba a hacer, pues cualquier cosa, negociar. Cuando ya vi que eran policías federales, pues ya me ganaron, me ganaron, me ganaron, pero me ganaron bien".

Antes de aquel 30 de agosto de 2010, *La Barbie* ya intuía que sobre él se cernía la amenaza de su captura. Sospechaba que sus comunicaciones estaban siendo rastreadas y que a través de ellas podían dar con él. Por tal motivo, cuando lo aprehendieron no portaba ningún aparato de comunicación. Ni siquiera sabía que Aarón Arturo Ginez Becerril, su hombre de confianza, había caído abatido ese mismo día frente al Centro Comercial Perisur. De haberse enterado, probablemente se las habría ingeniado para escapar otra vez.

La carta a Fox

LA NOTICIA del arresto de *La Barbie* causó un enorme revuelo, acaparó la mirada pública. Y es que para ese entonces, como se ha visto, *La Barbie* era uno de los narcotraficantes más "socorridos" en los medios de comunicación. A veces, el manejo que se hacía de su figura rayaba en lo exagerado, en lo mítico, y daba la impresión de que *La Barbie* era responsable de muchos de los episodios más negros del narcotráfico. Sin minimizar la gravedad de sus acciones, lo cierto es que en gran medida era objeto de muchas especulaciones mediáticas. Aunque no todo era obra de la prensa. Valdez Villarreal contribuyó mucho a su propia fama, y entre las cosas que hizo destaca el que se haya atrevido a enviarle una carta al entonces presidente Vicente Fox, con el propósito de dejar en claro que lo que sucedía en ese momento en Nuevo León —en relación con ejecuciones y secuestros— no era su culpa, sino de Los Zetas.

No le dirigió la carta solamente a Fox; también se la entregó a otros políticos, precandidatos a puestos de elección popular y líderes empresariales. Incluso pagó para que algunos periódicos de circulación nacional la publicaran. La carta decía: "Convoco al nuevo sexenio que se aproxima, y al hombre que se le deposite la confianza para encabezarlo por medio del sufragio, tenga el valor para hacer prevalecer el Estado de derecho, mismo que debe regir de manera igualitaria, un sexenio que contenga acciones contundentes y firmes para acabar con ese gran cáncer de narco-secuestradores y asesinos de mujeres y niños".

La carta fue difundida en mayo de 2006. *La Barbie* confirmó su autenticidad cuando fue detenido. Explicó que la escribió porque no le gustaba que a él y a su gente se les inculpara de todo lo que sucedía en el país referente a ejecuciones, secuestros y extorsiones. Enfatizó que su "negocio" siempre fue otro: el tráfico de cocaína. "No pretendo hacerme ver como una blanca paloma, ni tampoco limpiar mi imagen, pues estoy seguro de lo que he hecho y de lo que soy responsable... No es la intención de limpiar mi reputación, ni tampoco pretendo excusarme de la responsabilidad que a mí me corresponde [...], sólo estoy alertando [...] del gran cáncer que representan Los Zetas, ya que cualquier territorio que pisan lo convierten en una zona de muerte siempre con el afán de querer achacarme sus acciones."

La firmó como Édgar Valdez Villarreal y remató con una sentencia en latín que significa: "La ley es dura, pero es la ley".

Mal camino

¿QUÉ PASABA por la mente de *La Barbie* luego de que perdió la libertad? ¿Alguna vez se imaginó cómo iba a terminar su carrera delictiva? ¿Se habrá arrepentido de su pasado? La siguiente entrevista realizada por la Policía Federal lo dice todo…

POLICÍA FEDERAL: *¿Usted pensó que lo iban a detener pronto?*

ÉDGAR VALDEZ VILLARREAL: —Pos pensaba que no y me cuidaba pa' que no.

¿Qué pensaba para su futuro?

—Pos cuidarme más. Ya no podía hacer más, ya tenía a toda la gente encima, con los que peleaba.

¿Es complicado un ritmo de vida así?

—Primero está bueno, pero ya a estas alturas ya no… Ya no puede salir uno más que cuidándote; ya no puede andar uno mucho en la calle.

¿Pensó terminar así usted?

—Pos pensarlo, no.

¿Y ahora qué piensa?

—Pos se acabó todo.

¿"Mejor morir antes de que me detengan"?

—No.

¿Por qué?

—Porque no me toque todavía... No pensaba en eso, tengo mi familia todavía, mis hijos que me pueden ver.

¿Se arrepiente de algo?

—Pos realmente... no, no me arrepiento... Pos sí me arrepiento, pero ya qué le voy a hacer.

Pero, ¿de qué se arrepiente? ¿De que lo atraparon?, ¿de que se haya descuidado?, ¿de que vendía droga? ¿De qué se arrepiente?

—No, pos es que hay muchos caminos y yo agarré el malo. Ya no podemos regresar nada.

"Debido al ruido me tuve que acercar tanto a *La Barbie* que le hacía las preguntas al oído y él me respondía de la misma forma."

"Sólo escribe la verdad. Por mucho tiempo algunos reporteros escribían mentiras sobre mí para quemarme; a ésos les pagaban para tirarme."

VII. La sonrisa enigmática

A LA MAÑANA SIGUIENTE, la del 31 de agosto, tuvo lugar la conferencia de prensa en la que Édgar Valdez Villarreal sería presentado ante los medios de comunicación. La cita para reporteros, camarógrafos y fotógrafos fue a las seis de la mañana en el hangar del Centro de Mando de la Policía Federal. Una vez cubiertos los protocolos de seguridad, los periodistas fueron trasladados al hangar. Como telón de fondo había un helicóptero Black Hawk y un camión blindado, de los llamados "rinocerontes", de la Policía Federal. Al centro, una pequeña mesa, dos sillas, dos micrófonos y más de 20 agentes fuertemente armados y con el rostro cubierto.

Los primeros en salir fueron el comisionado general de la Policía Federal, Facundo Rosas Rosas, y el jefe de la División Antidrogas, Ramón Eduardo Pequeño García. Durante 13 minutos, los dos funcionarios dieron algunos detalles de la operación para capturar a *La Barbie*. También expusieron algunos de sus antecedentes y respondieron a los cuestionamientos de los más de 50 representantes de los medios de comunicación.

Acto seguido aparecieron dos policías federales custodiando a Édgar Valdez Villarreal. De inmediato, las cámaras de televisión se olvidaron de los funcionarios y se dirigieron hacia él. Los flashes no pararon durante varios minutos. Nadie quería perder el menor detalle del rostro y las expresiones de *La Barbie* quien, más adelante lo diría, llegó a ponerse nervioso. Cuando lo tuvieron enfrente, los periodistas comenzaron a gritarle, todos a la vez, que volteara hacia un lado y hacia otro. Valdez Villarreal trataba de entender disimuladamente qué le decían. Luego, los reporteros empezaron a hacerle todo tipo de preguntas a gritos; incluso un reportero de Estados Unidos le lanzó una en inglés.

En medio del barullo, *La Barbie* le preguntó entre dientes al policía que estaba a su izquierda si podía responder, pero el oficial le ordenó discreta pero firmemente que se comportara. Fue la primera vez que *La Barbie* sonrió, lo que provocó un alud de flashes sobre su rostro. De nuevo los fotógrafos y camarógrafos le pidieron que volteara hacia sus cámaras; en ese momento millones de personas lo estaban viendo, ya que la conferencia de prensa se transmitía en vivo.

Una interrogante se propagó como reguero de pólvora: ¿de qué se reía *La Barbie*? Se alcanzaba a ver que Valdez Villarreal mascullaba palabras. Algo les decía a los policías federales que lo custodiaban. Después de esto fue cuando la risa le ganó al capo durante unos segundos, a pesar de que trataba de controlarse mordiéndose los labios, mirando hacia el techo y hasta cerrando los ojos. Pero ya era tarde. La imagen de un Édgar Valdez Villarreal que sonreía ya formaba parte de la historia del narco.

Tras estar ante los representantes de los medios durante unos minutos, *La Barbie* fue conducido otra vez a las oficinas del Centro de Mando. El policía que lo escoltó me confirmó que, desde que salió para su presentación ante los medios de comunicación, Valdez Villarreal se mostró emocionado y nervioso, y sarcásticamente le preguntó en varias ocasiones si podía mandar saludos a su familia.

Otro detalle llamó la atención aparte de su enigmática sonrisa: su camiseta Polo de color verde, con el número 2 y la leyenda de "LONDON" al frente. Sería recordada meses después, cuando le tocara el turno de la presentación ante los medios a *El JJ*, su compañero de parranda y de negocios, ya que éste llevaba puesta una playera similar, pero de color azul.

Una vida de película

Superada la estresante escena de su captura, Édgar Valdez Villarreal se relajó y hasta platicó con los policías federales que acababan de echarle el guante en Salazar. A ratos se le veía de buen humor; por ejemplo, cuando le preguntaron sobre su fuerte rivalidad con Los Zetas, contestó:

—A ésos nadie los quiere, ni su mamá —y soltó una sonora carcajada.

Los federales, lejos de relajarse también, estaban recelosos. ¿Qué le pasaba a ese sujeto, jefe de sicarios y líder de uno de los cárteles más violentos? Todavía les intrigaba que no hubiera mostrado resistencia y que parecía disfrutar su encierro.

Pero la sonrisa no se limitó al momento de la conferencia ante los medios. Se mostró igualmente sonriente y animado antes, cuando describió cómo traficaba la cocaína desde Colombia hasta México. Aseguró que lo hacía todo por tierra en tráileres; en promedio pasaba hasta 500 kilos de cocaína cada dos meses. Y que el dinero que le enviaban de Estados Unidos también llegaba por tierra, escondido en las cabinas y compartimientos especiales de los tractocamiones. Al notar la mirada incrédula de sus entrevistadores, *La Barbie* les preguntó muy quitado de la pena:

—¿Por qué no me creen? En serio, así se maneja.

Explicó que en Colombia compraba un kilo de cocaína a cuatro mil dólares y en México lo comercializaba hasta en 14 mil; ya en Estados Unidos alcanzaba un precio de hasta 90 mil dólares. Aclaró que para él sí era un buen negocio, y que lo hacía porque de algo tenía que mantener a su familia y pagarle a su gente, alrededor de 600 personas; la nómina semanal era de un millón y medio de pesos.

En esta parte de la charla se le notó más tranquilo. Incluso, en más de una ocasión preguntó a qué hora lo presentarían a los medios de comunicación. "Yo veía las noticias y veía que es lo que hacen siempre, llamar a la prensa y ponerlos", refirió. Le preguntaron si eso lo incomodaba, a lo que respondió que no, que estaba bien, que seguramente muchos lo querían conocer. Sonrió satisfecho.

Fue como un juego cruel del destino: ese hombre al que tanto le gustó la vida de la farándula, rodearse de actores, cantantes y compositores famosos, mezclarse en ese ambiente dominado por las cámaras y los reflectores, ahora sería el objeto de las lentes, sólo que en un contexto muy adverso. Sin darse cuenta, considerado uno de los hombres más importantes en el mundo del narcotráfico actual, se había convertido en una celebridad. Era su momento, pero no el que quizá llegó a soñar algún día...

Tal vez fue la seducción del mundo de la fama y del *jet set* lo que tiempo atrás lo hizo considerar la posibilidad de mandar hacer una película sobre su vida con una productora que realiza los llamados *videohomes*, los cuales pueden distribuirse por Internet o en pequeños negocios de venta de películas. No habría sido algo exclusivo de *La Barbie*. Algunas de estas producciones han llevado a las cintas la vida de famosos delincuentes y narcotraficantes, como el *Pozolero del Teo*, un sujeto que se encargaba de desaparecer los cuerpos de sus víctimas echándolos en tambos llenos de sosa cáustica; o historias como la de los *narcojuniors*, que retrata el estilo de vida de los hijos de los grandes capos y futuros herederos de las organizaciones criminales.

La Barbie también quería dejar su historia plasmada en un video, su propio relato de cómo llegó al mundo del narco y escaló. Con ese propósito, en 2009 contrató a un productor y, según afirmó Valdez Villarreal, le entregó 200 mil dólares para que reuniera a los actores y comenzara a rodar la película, que se titularía *Brazo armado*. De acuerdo con la declaración de un testigo protegido identificado como "Jenifer", que está en el expediente de la PGR contra Valdez Villarreal, además de dar el dinero para la realización de la película, *La Barbie* proporcionó autos y camionetas de lujo, así como las armas que él mismo usaba.

Sin embargo, *La Barbie* afirma que ordenó cancelar el proyecto porque en ese entonces su imagen aparecía cada vez más en los medios de comunicación y pensó que al ver la película las autoridades intensificarían su persecución. Hoy dice que desconoce el paradero de la cinta; ni siquiera sabe si se terminó de rodar.

No andaba errado con la idea que tenía de su fama entre los medios ni la tenacidad con que lo buscaban las autoridades. Pero otros deseaban localizarlo por razones distintas: sus enemigos querían verlo muerto. Todos peleaban contra él. El propio Valdez Villarreal lo reconoció el día de su captura. El Cártel de Sinaloa, de Joaquín *El Chapo* Guzmán, había puesto precio a su cabeza porque lo consideraron traidor cuando se fue al lado de Arturo Beltrán Leyva. El Cártel del Pacífico Sur, de los hermanos Beltrán Leyva, le había declarado la guerra porque, como se ha relatado, lo acusaban de haber dejado solo a *El Jefe de Jefes* el día en que la Marina lo mató. Los de La Familia Michoacana también querían ver muerto a *La Barbie*, quien los había combatido porque pretendían ingresar al Estado de México, Guerrero y Morelos, territorios controlados por Valdez Villarreal; hubo decenas de "levantones" y ejecuciones de miembros de ambas organizaciones. Y por último, ahí estaban sus enemigos naturales, históricos, de más de una década de guerra: Los Zetas, encabezados por Miguel Ángel Treviño Morales, *El Z40*, quien llegó a desplazar más de cien hombres al puerto de Acapulco para que le llevaran la cabeza de *La Barbie*, cosa que jamás lograron.

Éste era el panorama de Édgar Valdez Villarreal a lo largo de los ocho meses previos a su captura.

La Barbie y *El Grande*: durmiendo con el enemigo

LAS AUTORIDADES programaron el traslado de *La Barbie* al penal del Altiplano, en Almoloya de Juárez, Estado de México, para la noche del 19 de noviembre de 2010, luego de que cumpliera más de dos meses de arraigo.

Yo tenía la esperanza de que, mientras no se lo llevaran, hubiera una mínima posibilidad de poder entrevistarlo personalmente. No sería nada sencillo, pero, si se daba la oportunidad, deseaba preguntarle de qué se reía durante su presentación ante los medios. No sólo yo tenía curiosidad, millones de mexicanos querían saber la respuesta.

Por cierto, antes de su traslado al penal del Altiplano, Édgar Valdez Villarreal tuvo un encuentro tan inesperado como irónico. Una vez lograda su detención, como medida cautelar debía ser arraigado; por cuestiones de seguridad se decidió que fuera en el Centro de Mando de la Policía Federal, en una área especial donde se encuentra un Ministerio Público federal adscrito a la SIEDO y que cuenta con cinco celdas pequeñas.

Se reforzó la vigilancia en el exterior de esas instalaciones estratégicas de la Secretaría de Seguridad Pública federal. En cada una de sus esquinas había unidades de la Policía Federal, agentes fuertemente armados, vehículos blindados y hasta francotiradores. A pesar de que *La Barbie* había asegurado que ya no tenía gente cuidándolo, las autoridades no se podían confiar ni subestimar el poder de reacción y convocatoria del capo.

Pues bien, ése sería el nuevo hogar de *La Barbie*, aunque no por mucho tiempo.

El 13 de septiembre de 2010 también cayó Sergio Enrique Villarreal Barragán, *El Grande*. Elementos de la Secretaría de Marina desplegados en la ciudad de Puebla lo atraparon junto con sus gatilleros Jesús Enrique Jurado Torres y Ramiro Cisneros Aguirre. Desde la muerte de Arturo Beltrán Leyva, *El Grande* había jurado liquidar a *La Barbie*, no obstante que éste había sido su amigo, socio y hasta jefe en el Cártel del Pacífico Sur. Sergio Villarreal compartía la convicción de que *La Barbie* había traicionado a *El Jefe de Jefes*.

Como se describió en otro capítulo, durante los últimos meses los capos de ambas organizaciones había estado dedicándose mensajes dejados en los cuerpos de miembros de uno y otro bandos que habían sido "levantados", ejecutados y mutilados para sembrar el terror mutuo. A lo largo de meses, estos dos capos bañaron de sangre las calles de los estados de México, Morelos, Guerrero y hasta el Distrito Federal. La amistad y la lealtad que habían unido a *La Barbie* y a *El Grande* se convirtieron en un odio que arrojó cientos de muertos. Las escenas horrorizaban: hombres desollados, mensajes escritos con su propia sangre, decapitados, colgados de los pies en puentes... Parecía que estaban compitiendo por demostrar quién era el más despiadado, quién asesinaba con más saña y violencia. El objetivo: asesinar a su rival. Así estuvieron durante ocho meses, pero antes de que lo lograran ambos fueron aprehendidos.

A Sergio Villarreal Barragán y sus cómplices los presentaron ante los medios de comunicación en las instalaciones de la Secretaría de Marina. Posteriormente, *El Grande* fue enviado a la SIEDO, donde se pasó tres días declarando, hasta que un juez emitió una orden para que fuera puesto bajo arraigo.

Dado que *El Grande* tampoco era cualquier capo, siendo el hombre de mayor confianza del nuevo líder del Cártel de los Beltrán Leyva, Héctor, *El H*, era preciso que también cumpliera el arraigo en el Centro de Mando de la Policía Federal. Ahí, por fin, se vería las caras con su ex amigo y ahora mayor enemigo, *La Barbie*. La búsqueda entre ambos capos había terminado. El destino les había preparado esa jugada inesperada.

De acuerdo con uno de los policías federales responsables de vigilar a los arraigados en las instalaciones de la SSP, el día en que arribó *El Grande* iba con la cabeza en alto, mirando de frente, y cuando pasó por la celda donde estaba *La Barbie* apenas volteó a verlo. Valdez Villarreal estaba sentado en la orilla de su cama y también volteó a verlo de manera discreta. Ninguno dijo nada.

Vivieron bajo el mismo techo durante poco más de dos meses, en la misma área de apenas 50 metros cuadrados. Sólo los dividían los muros de dos galeras.

Mi entrevista con *La Barbie*

VIERNES 19 de noviembre de 2010. A las siete de la noche con 41 minutos recibí un mensaje que me dejó helado: uno de mis contactos en la Policía Federal me avisaba que habían autorizado mi acceso a Contel, su Centro de Mando, para entrevistar a Édgar Valdez Villarreal. Era mi última gran oportunidad de hablar con él antes de que fuera trasladado al penal de máxima seguridad del Altiplano, en Almoloya de Juárez, Estado de México; después, sería prácticamente imposible.

La autorización era una realidad, lo demás dependía de mí. Pero había un problema: debía llegar a Contel a las ocho en punto, pues literalmente tendría yo unos cuantos minutos antes de que un helicóptero se llevara a *La Barbie* de allí. Me quedaban escasos 19 minutos para moverme desde mi oficina en la zona del Ajusco, al suroeste de la Ciudad de México, hasta Iztapalapa, en el sureste. A esa hora, y en viernes, sólo un milagro me permitiría llegar a tiempo.

Por si fuera poco, estaba redactando una nota que debía terminar antes de salir de mi oficina. La presión comenzó a abrumarme y me paralizó durante largos instantes. Sin embargo, me apresuré, dejé lista la nota y me abalancé sobre mi auto. Simultáneamente lo arranqué y tracé la ruta que consideré más conveniente para llegar pronto.

La cabeza me daba vueltas en medio del atroz tráfico de la Ciudad de México. ¿Cuál sería la primera pregunta que le haría a Édgar Valdez Villarreal? Luego de casi tres meses de luchar por conseguir la entrevista, ahora no sabía qué preguntarle.

Desde luego, *La Barbie* no sabía nada de mí, mucho menos que estaba escribiendo un libro sobre él. Así, aún faltaba convencerlo de que me concediera la entrevista.

La alerta de mensajes de mi teléfono celular no paraba de sonar; era mi contacto en la Policía Federal, para avisarme que me estaban esperando, que no me demorara, que no habría otra oportunidad. Y yo, sin poder librarme del tránsito desquiciado. Al cabo de un rato comprendí que no había más remedio que relajarme. Apagué la estación de noticias que iba escuchando y puse un CD de baladas. Respiré profundamente y repasé las opciones para tardarme lo menos posible. Me salí del Periférico, pero todas las vialidades estaban igual de congestionadas, eran unos auténticos estacionamientos. Sorteando calles y avenidas, me dieron más de las ocho de la noche.

Sin embargo, un imprevisto inclinó la suerte de mi lado...

Esa tarde-noche, por aire *La Barbie* había sido llevado primero a las instalaciones de la Subprocuraduría de Investigación Especializada en Delincuencia Organizada (SIEDO) de la PGR, ubicadas cerca del Centro Histórico de la Ciudad de México, a declarar y a que le notificaran sobre la orden de aprehenderlo con fines de extradición. Su traslado de vuelta a Contel en Iztapalapa se había retrasado. Además, esa misma noche el presidente Felipe Calderón estaba reinaugurando el salón principal del Palacio de Bellas Artes, en el Centro Histórico, como parte de los festejos del Centenario de la Revolución. Había un fuerte dispositivo de seguridad y ninguna aeronave podía sobrevolar el radio de Bellas Artes mientras el Mandatario se encontrara allí. Por ese motivo, el helicóptero que transportaría a Édgar Valdez Villarreal no podía despegar.

De cualquier forma, yo sentía el corazón desbocado. Mi contacto ya no respondía mis mensajes. El último que me envió decía: "Ojalá llegues a tiempo".

Y finalmente llegué, aunque ya eran las nueve de la noche. Todavía tendría que pasar por los filtros de seguridad de Contel que, ese día, debido a la trascendencia y peligrosidad de Valdez Villarreal, eran extremos dentro y fuera de las instalaciones. Le dije a una agente federal a dónde iba. Me pidió una identificación oficial y señaló:

—Adelante, ya lo están esperando.

No lo podía creer. Ya estaba dentro. El ir y venir de los elementos de las fuerzas federales era intenso. Me indicaron que esperara, que irían por mí para acompañarme. Al poco rato llegó un oficial. Se presentó y me preguntó si quería usar su vehículo o el mío. Yo seguía petrificado, casi sin poder moverme.

—En mi auto —atiné a responder.

—Entonces, ¿lo puedo acompañar? —me sorprendió la pregunta.

—Sí, vamos.

Era un hombre muy alto y robusto. Apenas pudo subir a mi automóvil.

Me puse en marcha. Circulamos menos de 50 metros y giré a la derecha para tomar por un tramo recto. Sólo alcanzaba a ver las torretas encendidas de dos patrullas y un foco intermitente en el rotor de un helicóptero Black Hawk de la Policía Federal. Al fin me encontraba en la plataforma desde la cual *La Barbie* volaría a Almoloya.

Recibí algunas indicaciones por motivos de seguridad, como no caminar detrás del helicóptero cuando estuviera encendido ni invadir zonas restringidas. Me dijeron que cuando arribara *La Barbie* inmediatamente tendrían que cumplir con el traslado programado al penal, y que esperaban que el retraso que ya llevaban no fuera mayor, porque de lo contrario no permitirían acercarse a nadie, incluido yo.

—Ésa es la instrucción que tengo —señaló el que parecía ser el jefe de más de 40 elementos que estaban desplazados en la zona de aterrizaje de los helicópteros.

Muchos de esos hombres estaban pendientes, listos con sus armas largas, *gogles*, casco y el resto de su equipo. No era para menos. Se trataba de una operación especial.

Transcurrieron más y más minutos. Ya eran casi las diez de la noche. Muchos de los agentes se veían nerviosos, otros se acercaban al jefe, que no dejaba de dar órdenes. "Ya no deben tardar", decía. Se refería al helicóptero que traía a *La Barbie* de regreso de la SIEDO.

Algunos hablaban del frío; otros, de que su turno había terminado pero que seguían trabajando mientras no se fuera "el paquete". Para tratar de romper la tensión que yo mismo sentía, me acerqué a unos agentes y les pregunté sobre *La Barbie*. Todos coincidían en que era un tipo educado, pulcro, hasta de buenos modales; cuando pedía algo, siempre lo antecedía con un "por favor". Me contaron también que nadie lo había ido a visitar durante su arraigo, sólo su abogado. Muchos se dijeron sorprendidos, pues esperaban toparse con un tipo más duro y soberbio, aunque alguno de los agentes aclaró:

—Así son todos; cuando los agarramos ya se doblan, pero estando fuera son cabrones.

De pronto el jefe dio una orden y de inmediato todos corrieron a sus puestos asignados. Dos hombres con sendos chalecos color naranja, portando unos señalamientos luminosos, salieron del hangar hacia la plataforma y le hicieron indicaciones al piloto de un helicóptero. Éste levantó el vuelo, pero sólo para pasar a otro espacio y dejar libre el lugar. A lo lejos ya se oía el rotor de otro helicóptero Black Hawk. Pensé: "¡Ya llegó, es la hora!" Un oficial se hallaba a mi lado; tenía la orden de acompañarme en todo momento, supongo que para evitar que rompiera las instrucciones que se me habían dado desde el principio.

Iniciaron las maniobras de aterrizaje del helicóptero. Los hombres con los señalamientos luminosos le indicaron en qué espacio descender. La aeronave tocó tierra y rápidamente bajaron seis federales, que en fila india se desplazaron y se apostaron cerca de la plataforma. Todos los agentes empuñaban sus armas y se habían cubierto el rostro. Los únicos que no teníamos pasamontañas éramos los señalizadores de la plataforma, un hombre de traje que era el encargado del hangar y yo.

De ese primer helicóptero sólo habían salido los federales, no *La Barbie*. En eso, las luces de una segunda aeronave surcaron la oscura noche. El primer helicóptero había custodiado a este otro y debía comprobar que el lugar fuera seguro para aterrizar. El segundo inició el descenso. Era una aeronave más pequeña, un Ecureuil 350. Hubo gran expectación. Ahora sí estaba arribando Édgar Valdez Villarreal. El plan era cambiarlo rápidamente al Black Hawk que lo llevaría a Almoloya.

El jefe se dirigió a mí:

—A mi señal, se acerca; no antes, por favor.

Asentí con la cabeza. El ruido de los rotores era ensordecedor.

Intenté no perder detalle. Varios hombres se aproximaron al helicóptero y al fin apareció *La Barbie*. Lo primero que se asomó fueron sus zapatos tenis de color blanco, los cuales se posaron en el patín de la aeronave. Llevaba un pantalón de mezclilla azul y una sudadera gris de cuello redondo sobre una playera azul marino tipo polo. Dos agentes lo ayudaron a bajar, ya que iba esposado de manos y pies, y asegurado por una cadena que se le ceñía desde la cintura hasta los tobillos. Los agentes lo tomaron cada uno de un brazo y le sirvieron de apoyo para caminar, lo cual hacía con dificultad, con pasos cortos y lentos. Tras avanzar unos metros le ordenaron detenerse para tomarle fotos y video; más adelante me explicaron que ello era para que hubiera pruebas del estado físico en que lo entregaban.

Yo estaba tan nervioso que parecía que iba a realizar mi primera entrevista. Eso sí, era la primera a un personaje como *La Barbie*.

Tras una espera que se me hizo eterna, el jefe me indicó a señas que me acercara. El camarógrafo que me apoyaría estaba listo, esperándome frente a *La Barbie*. Pero había un problema: estábamos entre los dos helicópteros encendidos. Con semejante ruido, no podría hacer mi entrevista. Pregunté si podían alejar a *La Barbie* un poco de las aeronaves y por supuesto me dijeron que no, y que sólo tenía cinco minutos para hablar con él. ¡Cinco minutos!

Valdez Villarreal miraba al frente, aún no me había visto. Me acerqué a él. Lo tomé del hombro derecho para tener su atención y me presenté.

—Soy Miguel Aquino, ¿puedo platicar contigo?

—No sé si me dejen —respondió.

Debido al ruido me tuve que acercar tanto a *La Barbie* que le hacía las preguntas al oído y él me respondía de la misma forma. En medio de aquellas circunstancias, de pronto estaba yo realizando una de las entrevistas más importantes de mi carrera. Inicié, pues, el diálogo:

—Tenemos cinco minutos, ya me autorizaron. Parece que ya te van a trasladar...

—Sí, voy a pelear mi extradición a Estados Unidos —respondió Valdez Villarreal—. Pero ahorita no me siento bien. ¿Por qué mejor no me vas a ver a la cárcel y ahí platicamos?

—Va a ser más complicado después, en Almoloya no será fácil. ¿Cómo estás? Ya pasaron más de dos meses de tu captura...

—Bien, tranquilo, me han tratado bien, pero voy a pelear por mi extradición.

—¿Quién es *La Barbie*? ¿Es verdad todo lo que dicen de ti?

—Yo no soy ningún matón como Los Zetas o los de La Familia Michoacana. Yo no "levantaba" o secuestraba gente. Mi negocio era otro. Yo no soy como ellos, pero tampoco me dejaba; sólo me defendía y nunca mandé matar a alguien que no se lo mereciera. Todos estaban metidos y me querían matar; fue lo que pasó en Nuevo León, no me dejaban trabajar Los Zetas y no me iba a dejar; sólo me defendía.

—Pero te relacionaban en todo.

—Sí, todo lo que pasaba me echaban la culpa.

—¿Por eso le mandaste una carta al presidente Fox?

—Sí. Ésa la publiqué en varios medios y en donde le decía que eran Los Zetas los que estaban matando gente.

—Tengo poco tiempo y tengo que preguntarte algo que ha causado mucha polémica: ¿de qué te reías el día que te presentaron ante los medios en el Centro de Mando?

Su respuesta fue otra sonrisa, y dijo:

—De que estaba vivo.

—¿Qué? No te entiendo. Pero, ¿de qué te reías? —insistí, pensando que debido al ruido no había escuchado bien su respuesta.

—De que estaba vivo. Estaba ahí viendo todo porque gracias a Dios estaba vivo, estoy vivo, me agarraron vivo —y su rostro se iluminó de nuevo con esa famosa sonrisa que encendió la imaginación de miles.

—¿Gracias a Dios? —pregunté sorprendido—. ¿Eres creyente?

—Sí, gracias a Dios estoy vivo.

—Te agarraron vivo… Entonces, ¿no te entregaste?

—No, me agarraron vivo.

—Es decir, ¿estabas contento? ¿Por eso te reías?

—Sí, porque me agarraron vivo.

—Me imagino que es por tu familia…

—Si tú tienes familia, me entiendes.

—Estoy escribiendo un libro sobre ti...

—¿Y eso? —respondió y volvió a reír.

—Como reportero, por casualidad o coincidencia, me ha tocado cubrir casos en donde estás o te han involucrado, y creo que tu concepto de narcotraficante es diferente.

—Está bien, sólo escribe la verdad. Por mucho tiempo algunos reporteros escribían mentiras sobre mí para quemarme; a ésos les pagaban para tirarme. Yo no soy matón, sólo me defendía; no soy como Los Zetas, ésos sí... Yo no secuestraba o "levantaba" a gente que no estaba metida. Sólo di la verdad.

Le hice otra pregunta:

—¿Te arrepientes de algo?

—No, de nada.

—Y ahorita que ya te vas a La Palma, ¿cómo te sientes?

Su respuesta ya no llegó. En ese momento el jefe se nos acercó e indicó:

—Se acabó el tiempo.

Habían transcurrido siete minutos que me parecieron 15 segundos. Aún tenía mucho qué preguntarle, pero ya no había tiempo. Él sólo movió la cabeza en señal de despedida.

Édgar Valdez Villarreal, con el paso lento a que lo obligaban las esposas en sus tobillos, se dirigió hacia el helicóptero Black Hawk de la Policía Federal que lo llevaría al penal de máxima seguridad del Altiplano, en el Estado de México. Esa noche le habían notificado a *La Barbie* que estaba detenido con fines de extradición a Estados Unidos, donde era buscado por los cargos de distribución de cocaína y de delincuencia organizada. Para subir a la aeronave, dos agentes tuvieron que ayudarlo. Y he ahí que de nueva cuenta estaba sonriendo. Porque sus movimientos eran torpes y lentos no lograba acomodarse en el asiento. Finalmente la portezuela del helicóptero se cerró y nos ordenaron alejarnos para permitir que despegara.

Luego, todos los elementos de fuerzas federales se descubrieron el rostro. Varios se acercaron y me preguntaron:

—¿Ahora de qué se reía?

Les contesté:

—El tipo está contento porque está vivo y lo agarraron vivo, o por lo menos ésa fue su respuesta.

Epílogo

UNA VEZ que *La Barbie* fue aprehendido, quien se encargó de los "negocios", sobre todo de la plaza de Acapulco, que había peleado durante años con otras organizaciones, fue su suegro Carlos Montemayor, *El Charro*. Éste era un hombre cercano a Valdez Villarreal no sólo por ser el padre de su actual esposa, sino porque llevaba muchos años de contacto con él; lo conoció en el año 2001 en Tamaulipas, entre peleas de gallos y carreras de caballos.

Sin embargo, Montemayor únicamente estuvo al frente del "negocio" menos de tres meses, porque el 23 de noviembre de 2010 la Policía Federal lo detuvo en un restaurante de la zona de Santa Fe, en la Ciudad de México. Durante el breve lapso en que dirigió el cártel que había construido su yerno, 20 hombres del estado de Michoacán fueron "levantados" y asesinados en Acapulco. Algunos delincuentes arrestados posteriormente señalaban a *El Charro* como el responsable de ordenar la ejecución de los michoacanos.

Una vez preso, Montemayor aseveró que conocía a Sergio Villarreal Barragán, *El Grande*, debido a que era familiar de su esposa: "La esposa de *El Grande* es prima hermana de mi señora". Agregó que no sabía por qué estaba en problemas con él su primo político, pero que le estuvo poniendo cartelones y lo tenía en la mira.

Sobre los asesinatos de los michoacanos en Acapulco, declaró: "Esos michoacanos fue de la gente que está ahí en Acapulco que es del CIDA [Cártel Independiente de Acapulco], [...] es la gente que trabaja con *El Güero* antes y cuando lo agarraron ya quisieron hacer su propio grupo; están secuestrando y robando; entonces yo hablé con ellos, les dije que *El Güero* quería que me quedara ahí pero no quería problemas, que manejaran todo tranquilo, que no estaba bien que anduvieran secuestrando o robando, que eso estaba mal y que el que lo hiciera lo iba a correr.

"Yo pensé que me iba apoyar a modo de que estuviera todo tranquilo, y en lugar de apoyarme decidieron hacer su grupo, su cártel aparte, y [...] cuando el *Kirri* me habló para decirme que habían agarrado a unos michoacanos, creo que eran 20 o veintitantos, algo así le dije: 'Checa bien, porque son muchos para que anden juntos'. 'No creo que tengan algo que ver, vamos a checar', me dijo, y me llamó al día siguiente, que ya lo habían checado con el procurador, no sé... que el procurador de allá de... ¿de Guerrero? No, de Michoacán, que supuestamente les dijo que sí era gente de Michoacán. Le dije: 'Chequen bien, no la vayan a regar y ya me avisan', y ya después rompí comunicación porque al parecer al día siguiente lo mataron la PFP al querer agarrarlo, [...] pero ya habían hecho días antes la guerra en contra mía; supuestamente me querían matar Los Zetas y a mi gente, [...] y levantaron algunos para darme miedo y después pedimos una junta y de ellos nadie vino, [...] sabían que estaban mal y nadie vino, [...] y ya no vinieron y decidieron poner su grupo a parte y me aventaron que yo había dado la orden, pero la verdad yo no.

"No se quién daría la orden, [...] pero haga de cuenta que [entre] los que los mataron está *El Coreano*, está *El Melón*, *El Cremas*, los que supuestamente maneja *El Christian*.

—¿Qué cree que ha estado pasando con *El Güero*? —le pregunto a Montemayor en una entrevista realizada después de su captura—. ¿Empiezan a detener a su gente? ¿Alguien los traicionó?

—Sí, sí, alguien nos está traicionando —responde *El Charro*.

—¿Usted pensó que lo iban a detener tan pronto?

—La verdad, no.

—¿Qué está pasando dentro del grupo?

—Están poniendo gente traicionando.

—A partir de la detención de su yerno, ¿tenía comunicación con él o sólo recibió el mensaje?

—Sólo recibí el mensaje que me encargara de todo. La verdad, yo no quería problemas ni broncas, por eso les dije: "Vamos a llevarnos tranquilo, no hagan esto, no hagan lo otro..." No hicieron caso y decidieron formar su grupo, ¿verdad?

—¿Era muy el estilo de su yerno no meterse en problemas y no "calentar" las plazas?

—La verdad, sí; lo que sea de cada quien. No andaba secuestrando ni robando, ¿verdad?, eso sí no permitía, nada de secuestros y eso [...].

—¿Qué cree que va a pasar en Acapulco ahora con el CIDA?

—Va a estar peor todo, porque ellos se dedican al puro secuestro y eso.

LA CAPTURA de Carlos Montemayor implicó mucho más que la caída del líder de una organización criminal. Significó el fin de una era en el mundo del narcotráfico... El grupo creado por Édgar Valdez Villarreal había terminado.

Agradecimientos

A mi familia, por su amor, comprensión y paciencia. Es para ustedes.

Y para usted, "lic", por su apoyo, confianza y consejos. Lo logramos.

Fuentes

http://arturoalfarogalan.wordpress.com/ [Nota del 25 de noviembre de 2010 palabras de Olea sobre: "El narcotáfico es un problema de salud, no criminal".]

http://www.eluniversal.com.mx/grafios/animados/videos/ejecuciones.html

http://www.narcoblog.info/crimen/-la-barbie-padre-del-narcoterrorismo-en-m-xico-oct-16-2010-4-06-31-am-31

http://www.noroeste.com.mx/publicaciones.php?id=374860

http://mexico.usembassy.gov/boletines/sp100901_EdgarValdez.html

http://mexico.usembassy.gov/boletines/sp100901_ÉdgarValdez.html [1-septiembre-2010]

http://www.pgjdf.gob.mx/temas/5-1-1/images/cs2010-099_1264634101.jpg [27-enero-2010]

http://www.pgr.gob.mx/prensa/2007/coms08/271008aa.shtm [27-octubre-2008]

http://www.pgr.gob.mx/Prensa/2007/bol10/abr/b48810.shtm [25-abril-2010]

http://www.presidencia.gob.mx/?DNA=85&Contenido=56269 [07-mayo-2010]

http://www.presidencia.gob.mx/?DNA=85&Contenido=59982 [11- septiembre-2010]

http://www.sedena.gob.mx/index.php/sala-de-prensa/comunicados-de-prensa/4138-lomas-de-sotelo-a-29-de-julio-del-2010

http://www.semar.gob.mx/sitio_2/component/content/article/60-comunicados2009/1202-comunicado-de-prensa-326-2009.html [17-diciembre-2009]

http://www.semar.gob.mx/sitio_2/component/content/article/79-sala-prensa2010/1665-comunicado-240-2010.html [14- septiembre-2010]

http://www.ssp.gob.mx/portalWebApp/appmanager/portal/desk?_nfpb=true&_pageLabel=portals_portal_page_m3p2_boletin&id=788001 [23- junio-2010]

http://www.ssp.gob.mx/portalWebApp/appmanager/portal/desk?_nfpb=true&_pageLabel=portals_portal_page_m3p2_boletin&id=815085 [31-agosto-2010]

http://www.ssp.gob.mx/portalWebApp/appmanager/portal/desk?_nfpb=true&_windowLabel=portlet_1_1&portlet_1_1_actionOverride=%2Fboletines%2FDetalleBoletin&portlet_1_1id=2004 [18-enero-2011]